名师工程
优秀教学设计系列

"国培计划"优秀成果出版工程
"国培计划"全国优秀研修成果数字出版平台

# 魅力科学课
## ——小学科学优秀教学课例集

主编 张素先

MEILI KEXUEKE
XIAOXUE KEXUE YOUXIU JIAOXUE KELIJI

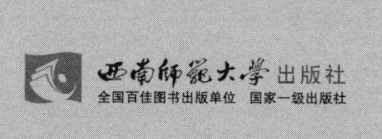

西南师范大学出版社
全国百佳图书出版单位 国家一级出版社

### 图书在版编目（CIP）数据

魅力科学课：小学科学优秀教学课例集/张素先主编．—重庆：西南师范大学出版社，2015.8
ISBN 978-7-5621-7564-3

Ⅰ.①魅… Ⅱ.①张… Ⅲ.①科学知识－教案（教育）－小学 Ⅳ.①G623.62

中国版本图书馆CIP数据核字（2015）第172766号

## 名师工程系列丛书

**编委会主任**：马　立　宋乃庆
**总策划**：周安平
**策　划**：李远毅　卢　旭　郑持军　郭德军

---

### 魅力科学课——小学科学优秀教学课例集
张素先　主编

**责任编辑**：雷　刚　李媛媛
**文字编辑**：张燕妮
**封面设计**：天之赋设计室
**出版发行**：西南师范大学出版社
　　　　　　地址：重庆市北碚区天生路1号
　　　　　　邮编：400715　市场营销部电话：023-68868624
　　　　　　http：//www.xscbs.com
**经　销**：新华书店
**印　刷**：重庆市国丰印务有限责任公司
**开　本**：720mm×1030mm　1/16
**印　张**：14.5
**字　数**：270千字
**版　次**：2015年9月　第1版
**印　次**：2021年7月　第2次
**书　号**：ISBN 978-7-5621-7564-3

**定　价**：42.00元

若有印装质量问题，请联系出版社调换
版权所有　翻印必究

# 本书编委会名单

**本书编委会**

| 主　编 | 张素先 | | | | |
|---|---|---|---|---|---|
| 参加编写<br>（按姓氏拼音排序） | 陈惠芳 | 陈　亚 | 戴素兰 | 杜妍辉 | 敦文术 |
| | 付志远 | 韩书花 | 吉永云 | 雷　杰 | 李秀琴 |
| | 李朝辉 | 梁　辰 | 刘凤霞 | 刘俊军 | 刘艳梅 |
| | 刘迎华 | 马晓明 | 任丽娜 | 沈丽华 | 苏瑞红 |
| | 孙　科 | 王　帅 | 王　霞 | 温　宁 | 杨书平 |
| | 苑少梅 | 詹　军 | 张军红 | 张普友 | 张素先 |
| | 张艳庭 | 赵书华 | 周洪健 | 朱艳敏 | |

# 前　　言

　　本书集合了近几年来的数十篇小学科学优秀教学课例作品。这些作品是河北省科学学科开展有效教学、创建高效课堂的优秀案例，充分体现了科学课以探究为核心的基本理念，体现了教师在科学课授课过程中的思考和探索。每个案例均围绕"一个核心"，秉持"两个依据"，着眼"五个关注"，从教育理论指导、教材分析、学情分析、教学目标、教学重难点、教学准备、教学方法、教学设计特色等方面进行设计，以贴近学生的认知水平，达到因材施教、面向全体的目的。

### 一、围绕"一个核心"，把握科学课程框架

　　这些作品以"全面提高每一位学生的科学素质"为核心，以科学教育理论为指导，把握科学课程的整体框架，从学生可触、可及、可观、可究、可思的角度入手，由浅入深，由表及里，帮助学生了解、探索科学知识。

### 二、秉持"两个依据"，彰显科学学科特点

　　这些作品坚持以科学课程标准和教材为依据，体现科学学科的特点，突出对学生创新精神和实践能力的培养。对于那些比较抽象、有较强知识体系的内容，这些作品注重研读全套教材，找准每节课在整体知识体系中的定位，与此同时，在设计中还注意做到依据但不依赖，信任但不盲从，充分发挥了教师的主观能动性。

### 三、着眼"五个关注"，全面提升学生科学素养

　　这些作品全面分析并阐述了课程总目标与分目标的关系，对课程标准在每个探究活动中的落实给予了准确定位，特别是做到了"五个关注"，全面提升了学生的科学素养。

　　一是关注新课程理念在课堂中的落实。这些作品从教学重难点、教学过程等方面均贯彻、落实了新课程理念，如注重对学生合作探究能力、科学思维方式的培养，注重使教学设计贴近学生生活等。

　　二是关注科学知识体系的前后衔接。这些作品在进行前后知识的衔接梳理

时，关注同一知识体系在不同年级设置的侧重点有所不同。

三是关注学生的年龄特征和认知水平。这些作品对学情进行了恰当、充分的分析，并据此对教材内容、实验器材等进行了微调，目的就是使教学设计更加符合学生的年龄特征和知识架构。

四是关注科学探究活动过程的建构。这些作品巧妙地整合了教师、学生、教材和环境四个结构要素，实现了教材内容、教学方法、学习方式及师生、生生互动的有机结合，从而达到让学生在互动中探究，在探究中实践，提升了学生的动脑思考能力和动手实践能力。

五是关注教育技术的应用。这些作品注重科学知识与教育技术的结合，使一些枯燥乏味的科学知识变得更加贴近学生的经验和生活，使学生易于掌握和理解。

本书充分体现了河北省一线教师在科学教学中的不断探索、实践和反思，是科学教师进行教学研究和实践的样板。我们期待本书的出版能为科学课的深入研究提供新思路，从而全面提高每一位学生的科学素养。

张素先

# 目录 MuLu

## 宇宙科学教学课例篇

在开放中组织，在参与中引导
　　——"地球绕着太阳转"教学课例 …………………………… 3

调动积极思维，主动获取知识
　　——"浩瀚的宇宙"教学课例 ……………………………… 9

采用互动教学法，培养科学探究力
　　——"美丽的星空"教学课例 ……………………………… 16

重选实验材料，增强亲身体验
　　——"日食与月食"教学课例 ……………………………… 23

引发认知冲突，形成科学概念
　　——"月相变化"教学课例 ………………………………… 28

重视科学情境创设，提高学生思维能力
　　——"昼夜的形成"教学课例 ……………………………… 36

面向全体学生，开展丰富多样的活动
　　——"探索宇宙"教学课例 ………………………………… 42

转变学生角色，培养主动学习能力
　　——"太阳系的奥秘"教学课例 …………………………… 48

在感知的基础上提炼、理解原型
　　——"地球的近邻——月球"教学课例 …………………… 53

依托原有认知基础，让学生实现阶梯式发展
　　——"昼夜交替现象"教学课例 …………………………… 60

秉持生本教育理念，发挥学生主动性
　　——"人造地球卫星"教学课例 ………………………………… 65

# 地球科学教学课例篇

运用多种教学方法，促进学生主动建构
　　——"沙洲的形成"教学课例 …………………………………… 73

以探究为核心，培养操作能力
　　——"水能溶解一些物质"教学课例 …………………………… 79

以实验为主体，促进学生主动探索
　　——"溶洞里的钟乳石"教学课例 ……………………………… 86

掌握自主学习方法，促进迁移能力生成
　　——"人类改变地表"教学课例 ………………………………… 92

在观察中发现问题，在实验中解决问题
　　——"山脉的变化"教学课例 …………………………………… 97

采用多种探究方式，获得最佳学习效果
　　——"火山"教学课例 …………………………………………… 102

选取结构性实验材料，注重人性化教学评价
　　——"认识空气"教学课例 ……………………………………… 109

主动获取知识，成为学习的主人
　　——"风的形成"教学课例 ……………………………………… 114

基于翻转课堂理念，建构以实践为主的课堂
　　——"空气占据空间吗"教学课例 ……………………………… 122

找准教学起点，营造趣味课堂
　　——"水珠从哪里来"教学课例 ………………………………… 127

创新实验模型，加深学生体验
　　——"雨的形成"教学课例 ……………………………………… 134

# 生命科学教学课例篇

积极为学生搭建合作、探究的平台
　　——"把种子散播到远处"教学课例 …………… 143

以自主学习为主，关注全体学生发展
　　——"生命从哪里来"教学课例 ………………… 149

由浅入深，由简到繁，逐步解决问题
　　——"根和茎"教学课例 ………………………… 154

以操作为主线，建构概念，获得知识
　　——"蚯蚓的选择"教学课例 …………………… 161

由扶到放，让学生经历有层次的探究过程
　　——"大树和小草"教学课例 …………………… 167

树立正确教学理念，激发学生理性体验
　　——"生活中的真菌"教学课例 ………………… 173

动手动脑相结合，促进科学探究能力发展
　　——"落地生根"教学课例 ……………………… 178

在游戏中亲历，在亲历中体验
　　——"生理与适应"教学课例 …………………… 185

聚焦教学重难点，明确探究方向
　　——"动物的卵"教学课例 ……………………… 192

以探究为核心，把课堂还给学生
　　——"种子的萌发"教学课例 …………………… 198

自主探究和总结，提高主动学习能力
　　——"蚕的生命周期"教学课例 ………………… 203

从方法探究入手，体现学生的自主性
　　——"身体的结构"教学课例 …………………… 209

# 宇宙科学教学课例篇

# 在开放中组织，在参与中引导

## ——"地球绕着太阳转"教学课例

河北省教育科学研究所　张素先

### 教育理论指导 >>>

1. 基本理念

学生是科学学习的主体；科学学习要以探究为核心；科学课程的内容要满足社会和学生双方面的需要；科学课程应具有开放性，应能促进学生科学素养的形成与提升。

2. 建构主义学习理论

建构主义认为，儿童是在与周围环境相互作用的过程中逐步建构起关于外部世界的知识，从而使自身的认知结构得到发展的。儿童与环境的相互作用涉及两个基本过程：同化与顺应。同化是指个体把外界刺激所提供的信息整合到自己原有认知结构内的过程；顺应是指个体的认知结构因外部刺激的影响而发生改变的过程。

### 教材分析 >>>

本课是冀教版小学科学六年级上册"太阳家族"单元中的内容，是在学生认识了太阳系后，进一步认识地球运动的知识。教材从四季的变化引入新课，让学生首先通过阅读和分析资料了解地球的自转、公转，再利用模拟实验的方法进一步验证地球的公转是引起四季变化的根本原因。

### 学情分析 >>>

我们生活在地球上，几乎每天都能看到太阳，但学生对太阳和地球的了解很少。因此，本课利用现代化的教育技术手段，开发适合学生需要的课程资源，增加学生对地球和太阳的感性认识。

### 教学目标 >>>

1. 知识与技能
（1）能解释地球的公转和自转的概念。
（2）知道四季的变化与地球的公转有关。
2. 过程与方法
（1）能用模拟实验的方法研究地球的自转和公转。
（2）能对本地动植物受四季变化的影响情况进行调查。
3. 情感态度与价值观
（1）愿意与同学合作共同完成模拟实验。
（2）能与小组其他同学合作完成调查研究。

### 教学重难点 >>>

理解地球公转和自转的概念，通过实验证明地球公转是引起一年四季变化的根本原因。

### 教学准备 >>>

教师准备：绳子，手电筒，地球仪，橡皮泥，多媒体课件。
学生准备：查阅相关资料。

### 教学方法 >>>

本课主要采用实验探究法与合作交流法进行教学。

### 教学过程 >>>

一、复习谈话，导入新课
师：同学们，我们上节课共同探究、了解了太阳系的奥秘。那么在太阳系这个大家族中都有哪些成员呢？我们共同回顾一下。
（课件出示太阳系八大行星图，学生回答。）
师：在这八大行星中有一颗我们最熟悉的行星——地球，它不仅绕着太阳转，同时也在自转。毛泽东所创作的一首诗中有这样两句话："坐地日行八万里，巡天遥看一千河。"同学们能试着解释这两句诗吗？
（学生根据自己的理解解释诗句。）

师：地球赤道全长约四万千米，即"八万里"。"一千河"指许多星河。这两句诗的意思是我们坐在地球上不动，每天也要跟随地球走四万千米远的路程，看到天空许许多多的星河。这两句诗表现的是地球自转的现象。地球不仅自转，同时也以大约每秒三十千米的速度绕着太阳旋转。我们的地球就好像一艘巨大的宇宙飞船，而我们就乘坐着这艘"宇宙飞船"在太空中遨游。那么地球的自转、公转与我们的生活有哪些联系，会给我们的生活带来哪些变化呢？今天我们就共同来学习、了解。

【设计意图：激发学生的学习热情，调动学生的学习积极性，培养学生丰富的想象力，使学生产生探索太空奥秘的欲望。】

二、活动实践，自主探究

1. 认识地球的自转，理解昼夜形成的原因

师：太阳和地球都在不停地运动着，你知道它们是怎样运动的吗？

（学生猜想。教师播放地球的自转与公转视频，再组织学生阅读教材上的资料，指导学生填写教材中的表格。）

师：地球自转一周就是一天，公转一周就是一年。地球的自转和公转形成了许多有趣的现象。

（教师讲解平年与闰年的来历。）

师：昼夜是怎么形成的？我们一起看一段视频。

（播放昼夜形成的视频。）

【设计意图：通过观看、阅读、整理、分析加深学生对地球自转和公转的认识，培养学生获取、提炼、归纳信息的能力，从而促进学生有序、有效的"思"，为下面亲身模拟实验的"行"做好准备。】

2. 认识地球的公转，理解季节变化的成因

师：地球是怎样绕着太阳转的？

（学生猜想。教师播放地球公转视频，让学生仔细观看。）

师：地球上的季节变化与什么有关？

（学生提出假设。）

【设计意图：让学生联系生活实际，运用已有生活经验解答问题，培养学生大胆想象、积极思考的习惯。】

（播放地球公转与季节变化视频，出示地球公转图。）

师：四季最明显的差别是什么？

生：温差。

师：那你觉得地球在围绕太阳公转的过程中，是如何产生温差变化的呢？

在冬天和夏天的中午，太阳在头顶的高度有什么不同？

（学生讨论、交流。）

师：春季，太阳直射地球的位置是赤道；夏季，太阳直射地球的位置是北回归线，因为我们国家所处的位置是北半球，所以这时太阳离我们最近，太阳辐射的温度最高；秋季，太阳直射地球的位置又回到赤道上，所以春秋两季的温度大致相同；冬季，太阳直射地球的位置是南回归线，离我们的距离最远，所以太阳辐射的温度最低。根据这一规律我们可以得知南北半球的四季是相反的。

师：为什么太阳直射点会发生变化呢？这是因为地轴倾斜。

（教师用手电筒演示直射和斜射。）

师：直射和斜射的时候，同一个地区会发生什么变化？

生：温度不同。

师：再一次观看视频，说一说地球自转与公转的特点、意义。

（播放地球的自转与公转视频，学生观看后总结。教师讲解极昼、极夜现象。）

【设计意图：充分调动学生认知结构中已有的知识、经验，在零散的认知之间建立联系，知道地球自转和公转的特点和意义。】

3. 模拟地球公转的过程

师：同学们都有了自己的猜想、假设，下面请动手进行模拟实验，验证你们的猜想吧。

（课件出示温馨提示、操作步骤。学生进行模拟实验，记录实验结果。）

【设计意图：使学生通过模拟实验来验证自己的猜想、假设，体会发现与成功的乐趣。】

4. 交流与表达

师：刚才同学们已经通过模拟实验来验证自己的假设了，哪个小组汇报一下你们的发现？

（学生展示实验结果，尝试解释其中的原理。其他同学聆听，并加以评价。）

【设计意图：鼓励学生大胆地把自己的想法说出来，积极地与别人交流，通过质疑与评价培养学生的批判性思维。】

5. 拓展与迁移

师：假如地轴不是倾斜的，太阳光直射地球的位置会不会发生变化？地球上还会有四季的变化吗？为什么？

（学生模拟地轴不倾斜的公转情况，观察、思考、假设并发表意见。）

【设计意图：一方面，培养学生的逆向思维；另一方面，使学生在新问题情境中运用已学的知识和方法解决问题，提高他们知识迁移和解决问题的能力。】

三、总结回顾

（课件出示：地球在太空中的运动有_____种形式。一种是绕着自己的地轴旋转，叫_____；一种是沿着椭圆轨道绕着太阳旋转，叫_____。地球自转一周的时间是_____小时_____分_____秒，地球公转一周的时间是_____天。地球自转和公转的方向都是_____。地球自转引起_____变化，地球公转引起_____变化。学生填写。）

师：通过本节课的学习，你有哪些收获？

（学生谈收获。）

【设计意图：巩固学生对地球自转和公转的特点、意义的认识。】

## 教学设计特色 >>>

本节课首先从复习太阳系八大行星导入，从毛泽东的诗词引出地球自转现象，激发学生的学习热情，使学生产生探索太空奥秘的欲望；接着学生自主分析和整理文字、图片、视频等资料，加深对地球自转和公转的认识；然后教师抛出问题——地球的季节变化与什么有关，让学生进行大胆猜想，提出四季成因的假设；最后通过模拟实验验证四季的形成与地球的公转有关。

本课教学设计中，教师作为学生学习的组织者、引导者、参与者，把自己融入学生的学习中，在开放中组织，在参与中指导，按照"教—导—扶—收—放"五个教学层次，分别设计了多个活动，使学生顺利地完成了学习任务。

附：

一、板书设计

地球绕着太阳转

自转　引起昼夜的变化　地轴倾斜

公转　引起季节的变化　极昼　极夜

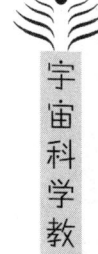

## 二、学生记录单设计

### 1. 地球自转、公转的特点记录单

|  | 方向 | 周期 | 特点 |
|---|---|---|---|
| 地球的自转 |  |  |  |
| 地球的公转 |  |  |  |

### 2. 地球公转模拟实验记录单

我的假设：_____

观察到的现象：春分，太阳直射地球的_____；夏至，太阳直射地球的_____；秋分，太阳直射地球的_____；冬至，太阳直射地球的_____。

我的解释：_____

## 三、教学评价设计

**学生学习评价表**

| 学生姓名 | 课堂学习 ||||||| 课外学习 ||| 教师总评 |
|---|---|---|---|---|---|---|---|---|---|---|
| | 教师评价 ||| 学生互评 || 个人自评 || 学生互评 ||| |
| | 课堂参与度 | 思维活跃度 | 思维逻辑性 | 动手操作能力 | 活动参与 | 与人合作 | 积极交流 | 活动参与 | 与人合作 | 积极交流 | 作业完成 | 课外科学知识 | 课外小制作 | |
| | | | | | | | | | | | | | | |
| | | | | | | | | | | | | | | |
| | | | | | | | | | | | | | | |
| | | | | | | | | | | | | | | |

注：评价分为 A、B、C、D 四个等级，A 为优秀，B 为良好，C 为合格，D 为不合格。

# 调动积极思维，主动获取知识

——"浩瀚的宇宙"教学课例

河北省廊坊市经济技术开发区娄庄小学　张艳庭

### 教育理论指导 >>>

小学阶段的科学课是一门以培养学生科学素质为目的的核心课程，也是一门具有综合性和活动性的课程。科学课程要从学生的认知特点出发，面向全体学生，要充分调动学生的好奇心和求知欲。基于学科特点，设计本课时，教师以"提出问题—分组查阅资料—组内自学总结—全班交流—得出结论"为教学主线，以多媒体手段适时引导、补充来突破重难点，引导学生归纳出地球、太阳系、银河系和宇宙之间的关系，从而使学生对浩瀚的宇宙有初步的理解。

### 教材分析 >>>

本课是冀教版小学科学六年级下册"宇宙与航天技术"单元中的内容。本单元的知识具有宏观、抽象、复杂、交互等特点，因此给学生的理解增加了难度。

### 学情分析 >>>

学生在六年级上册学习过星空和太阳系的有关知识，本节课在学生掌握太阳系知识的前提下，围绕着银河系和宇宙展开教学，为学生进一步探索宇宙打下了基础。

### 教学目标 >>>

1. 知识与技能

能正确说出地球、太阳系、银河系和宇宙之间的关系。

2. 过程与方法

（1）能结合课下搜集的材料，在教师的引导下建立系统概念，增强对宇宙的认识。

（2）能与小组内的其他同学交流、归纳、总结。

3. 情感态度与价值观

培养热爱科学和勇于探索宇宙的精神。

## 教学重难点 >>>

通过资料、数据，分析和认识浩瀚的宇宙。

## 教学准备 >>>

教师准备：多媒体课件，有关银河系和宇宙的图片、视频等资料。

学生准备：课前搜集有关银河系和宇宙的资料，并对资料进行摘录、概括等多种形式的整理。

## 教学方法 >>>

课前让学生通过科普书籍、电脑网络等途径搜集、整理、汇总信息。课上教师充分利用视频、图片等音像资料进行辅助教学，在讲解"光年"概念的时候与数学学科进行整合，让学生亲自算一算，帮助学生认识抽象的事物，建立系统的概念，增加对宇宙知识的理解。

## 教学过程 >>>

一、情境导入

师：同学们，你们会唱《小星星》吗？我们一起唱好不好？（师生齐唱）每当晴朗的夜晚，远离都市的灯光，仰望璀璨的星空时，我们经常会发现有一条横贯星空的"长河"，这条"长河"是什么呢？

生：银河系。

师：关于银河系，你知道些什么？

（学生汇报课前搜集的资料。）

师：有些同学对银河系可能认识得还很少，今天老师就和大家一起来进一步认识银河系。

【设计意图：通过歌曲引出问题，激发学生的学习兴趣，让学生带着问题汇报课前搜集的资料，为学习本节课奠定基础，更重要的是让学生体会到科学

和生活是密不可分的。】

二、探究新知

1. 认识银河系

（1）银河系的形状

师：根据课前查阅的资料，你认为银河系应该是什么形状的？

（学生汇报，教师用课件展示从不同角度观察到的银河系的图片。）

师：图片上的银河系是什么形状的？为什么会有不同的形状？

（小组观察、汇报。）

师：从地球上看，银河系是穿过夜空的一条满是星星的带子；从银河系的上方俯瞰，银河系像一个不断旋转的大铁饼；从侧面看，银河系像织布的梭子。这些都是科学家在现有科学技术水平下的猜测，希望有一天我们能真正走出银河系，一览银河系的全貌。银河系之所以会呈现不同的形状，是由于观测的角度不同。希望同学们以后也要学会从不同角度、不同方位去观察和认识事物，好吗？

生：好！

【设计意图：教师通过课件展示图片，一方面可以让学生从抽象到直观、从俯视到侧视分别认识银河系的形状；另一方面可以让学生懂得科学是严谨的，获得科学知识要从多方面、多角度观察和思考，经过多次研究才能得出结论，从而帮助学生养成科学思维的习惯。】

（2）银河系的组成和大小

师：通过刚才的学习我们知道了银河系的形状，那么银河系是由什么组成的？到底有多大呢？下面我们就带着这两个问题来自学课本中的内容，并小组填写《银河系探究记录单》。

（学生自学，小组交流、汇报。）

师：什么是光年？1光年的距离有多远呢？

（学生利用计算器计算。）

生：光速为30万千米/秒，然后乘以1年的时间，得出 $300000×60×60×24×365=94608$ 亿千米，也就是1光年大约等于10万亿千米。

师：10万亿千米是多长呢？以"神舟十号"飞船为例，它的速度是7.9千米/秒，如果让"神舟十号"来飞这10万亿千米的话，大约需要4万多年。我们所处的银河系的直径约10万光年，厚约2000光年。也就是说，如果让光沿银河系的直径走需要10万年，穿过银河系中心的厚度也要2000年。你们觉得银河系怎么样？

生：庞大。

（教师播放关于银河系的视频，让学生直观感受银河系的庞大。）

【设计意图：学生是学习的主人，教师的主要任务是教学生学会学习的方法，逐步培养学生自己获取知识的能力。本环节采取自学课本、交流探究的方法，并与数学学科整合，让学生理解"光年"这一概念，从而突破重难点，培养了学生的自学能力和空间观念。】

2. 认识宇宙

师：银河系固然庞大，但它只是宇宙中极小的一部分，那宇宙又是什么样子的呢？下面我们就利用研究银河系的方法来进一步认识宇宙。

（课件出示问题：宇宙是什么？由什么组成？有多大？）

（学生自主学习，小组填写、汇报《宇宙探究记录单》。）

【设计意图：教师直接告诉学生科学阅读的方法，并要求学生照此方法进行阅读，符合科学课教学的特点。】

师：天文学家把所有的空间及其中的万物叫作宇宙。宇宙是无边无际的，由上百亿个星系组成。科学家举了个例子来形容宇宙中的星系之多，我们一起来看一下。

（播放视频。）

师：宇宙大得简直无法想象。你能用一个词来形容一下宇宙吗？

生：庞大。

生：广阔。

师：大家所说的可以用这样一个词来概括——浩瀚。

3. 归纳地球、太阳系、银河系和宇宙之间的关系

师：在浩瀚的宇宙中，地球、太阳系、银河系、宇宙之间有着怎样的关系呢？

（小组交流、汇报，教师适时板书。）

师：今天我们知道了地球属于太阳系，太阳系属于银河系，而让人无限神往的银河系只是浩瀚宇宙中的沧海一粟。这些关于银河系和宇宙的知识，是在现代科学技术水平下观测和了解到的，随着科学技术的发展，今后我们会有更多、更深入的认识。我想大家应该还有很多想知道的问题，希望大家课后继续查找资料，寻找答案。

【设计意图：这一环节的目的是培养学生的表达能力和空间想象能力。】

4. 给宇宙飞船命名

师：同学们，你们想不想像杨利伟叔叔、翟志刚叔叔等人一样，驾驶着宇

宙飞船到浩瀚的宇宙中去遨游？现在中国少年科学院的少年宇航局将发射一艘宇宙飞船，正在征集宇宙飞船的名字，你们想不想给它命名？先来看一下要求。

（课件出示文字：以英雄人物的名字为宇宙飞船命名，以表彰他的英雄事迹；或以一位科学家的名字命名，以表彰他在科学探索或研究中的突出贡献。）

师：老师先举个例子，我给这艘宇宙飞船命名为"刘翔号"，理由是，刘翔实现了一次伟大的跨越，他不断超越，永不言败，代表了我们的民族精神。

（学生交流、汇报，评选出"最佳命名奖"。）

【设计意图：本环节学生情绪高涨，把课堂气氛推向了高潮，既使学生意识到人类为了探索宇宙奥秘付出的艰辛，又对学生进行了崇敬英雄、热爱科学的教育。】

三、拓展延伸

师：同学们，在城市里容易看银河吗？这是为什么？今天老师要给大家留两道家庭作业。

（课件出示作业：在家长的带领下到野外观察银河，并把观察的结果记录下来，再与同学交流；为了避免星空"消失"，我们应该采取什么行动？请把你的建议写下来。）

【设计意图：此环节重点在于培养学生长期观察星空的良好习惯，鼓励学生想象并描述星空消失后的情景，训练学生的思维能力。】

## 教学设计特色 >>>

小学科学课程标准指出，教师是科学学习活动的组织者、引导者和学生亲密的伙伴。因此，在本节课的教学中，教师采用合作探究式教学方法，通过谈话、观看、启发、提问等方式调动学生的思维，使学生充分动脑、动口、动手，主动获取知识。

在导入环节，教师通过一首学生非常熟悉的歌曲，引出学生感兴趣的问题，过渡比较自然。在探究新知环节，教学围绕着银河系和宇宙展开，按照查阅资料、分析教材、讨论交流、得出结论的顺序，引导学生归纳出地球、太阳系、银河系和宇宙之间的关系，从而使他们对浩瀚的宇宙产生初步的认识。在给宇宙飞船命名这一环节，采用小组讨论的方式，给飞船命名并说出命名的理由，并根据理由是否充分评选出"最佳命名奖"，无形中对学生进行了崇敬英雄、热爱科学的教育。在拓展延伸环节，从城市里不容易见到银河引出家庭作业，引出令人深思的问题，加强学生的环保意识，提高学生的独立思考能力。

本课教学设计符合小学高年级学生的认知规律，根据小学科学课程标准的要求，突出了教学重难点。

附：

一、板书设计

浩瀚的宇宙

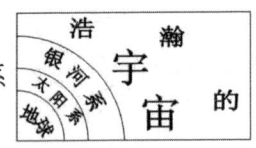

1. 银河系 ⎰ 形状 / 组成 / 大小    2. 宇宙 ⎰ 概念 / 组成 / 大小    3. 关系

二、学生记录单设计

1. 银河系探究记录单

|  |  |  |
|---|---|---|
| 形状 | | |
| 组成 | | |
| 大小 | 单位 | |
|  | 直径 | |
|  | 厚度 | |

2. 宇宙探究记录单

| 概念 | |
|---|---|
| 组成 | |
| 大小 | |

三、教学评价设计

评价目的：了解学生实际的学习和发展状况，促进学生科学探究的耐心和热情。

评价方法：他评、自评和师评。

评价内容：见下表。

## 学生学习评价表

| 他评 | | 自评 | | 教师评价 |
|---|---|---|---|---|
| 哪组搜集的资料最全面 | | 能对银河系的大小进行合理的想象 | | |
| 哪组最能表达自己独特的见解 | | 能根据资料推理和想象地球、太阳系、银河系和宇宙的大小 | | |
| 哪组荣获"最佳命名奖" | | 愿意给宇宙飞船命名,并说明命名的理由 | | |

注:他评要求学生在相应的空格内填写除自己小组以外的其他小组名称;自评要求学生在相应的空格内给自己打一颗星到三颗星,其中一颗星为最低等级,三颗星为最高等级。

# 采用互动教学法，培养科学探究力

## ——"美丽的星空"教学课例

河北省定州市怀德小学　马晓明

### 教育理论指导 >>>

以培养小学生的科学素养为宗旨，引导学生科学地观察星空，了解科学研究的基本方法，培养崇尚科学的态度和精神，以及长期观察的兴趣和科学观察的能力。

### 教材分析 >>>

本课是冀教版小学科学六年级上册"太阳家族"单元中的内容。本单元包括"太阳系的奥秘""地球绕着太阳转""美丽的星空""地球的近邻——月球"四课，本课的学习有利于学生对本单元内容的整体把握。

### 学情分析 >>>

本班学生学习比较认真，对科学实践感兴趣，不喜欢机械地记忆知识，但运用能力较差，探究意识不强。学生的生活环境简单，接触外界的机会较少，家长只重视语文、数学、英语三门课程，学生没有充足的时间去参加实践活动。学生在搜集资料时往往不够充分，不能很好地进行观察和记录。

### 教学目标 >>>

1. 知识与技能

（1）能用自己的话说明什么是星座。

（2）能说出两种以上四季的典型星座的名称。

2. 过程与方法

（1）能从多种途径搜集有关星座的信息。

（2）能向其他同学介绍自己了解星座知识的方法。

3. 情感态度与价值观

（1）能把自己的制作向同学展示，并根据同学的意见进行修改。

（2）能坚持长期观察某一星座的变化。

（3）能利用一些仪器和设备获得更多有关星空的信息。

**教学重难点** >>>

通过查阅资料、观看视频，获得星座方面的知识，并制作星空观察器"记录"星座。

**教学准备** >>>

教师准备：多媒体课件，相关视频，星空观察器。

学生准备：课前查阅有关星空的资料。

**教学方法** >>>

采用教师讲授与学生探究相结合的互动教学法，体现"教—扶—放"的教学思想，指导学生获得星座方面的知识，科学地运用星座知识批驳"星座决定命运"的迷信说法，并能坚持长期观察星空，用星空观察器"记录"星座。

**教学过程** >>>

一、创设情境，发现问题

（播放视频《美丽的星空》。）

师：视频里的星空非常美丽。关于星空，你想了解些什么？

（学生根据视频的内容，结合自己已有的天文知识提出问题。）

【设计意图：通过课前准备的视频，让学生直观地接受知识，调动学生的学习兴趣，有助于学生主动找出问题。】

二、探究交流，解决问题

1. 介绍星座及其命名

师：在晴朗的夜空中有许多美丽的星星。为了便于观察星空，古人用一些想象的线把相邻的几颗恒星连接起来，并根据连接成的图案，以神话故事中的人物、动物的名称来给它们命名，这就是星座，如仙后座、狮子座等。今天，

国际上通用的星座一共有88个,这些星座把美丽的星空分成不同的区域。

2. 寻找四季的典型星座

(1) 获得星座知识的方法

(学生讨论、交流搜集到的星座知识及获得方法。)

师:获得星座知识的方法有两种。一是在图书馆或上网查找资料;二是直接在夜晚观测星空,但要在大人的帮助下进行。

(2) 认识星座

(课件出示南天星空图和北天星空图。)

师:请你们找一找自己认识的星座。

(学生讨论、交流。)

师:在地球的南北半球看到的天空是不一样的;在同一半球一年的不同季节,看到的星座也是不一样的;随着地球的自转,在一天的不同时间观察星座,看到的星座位置也会有变化。

(3) 观察星空

师:请大家在晴朗的夜晚观察星空,填写《一天中星座观察记录单》,以便有计划地进行观察。以后我们会专门组织一次星空观察报告会,请大家谈谈自己的经验和感受。

【设计意图:观察是一种客观、理性的活动,在科学探究中占有重要地位,有利于促进学生的思维发展,激发学生的求知欲望。】

(4) 总结四季典型星座

师:由于地球公转,各个季节最适宜观测的星座有所不同。我们居住在北半球,了解北半球四季典型星座,有助于我们观察星空。

(播放四季典型星座视频,学生带着问题观看,然后说一说在北半球有哪些典型星座。教师归纳并总结。)

师:春季的典型星座是狮子座,夏季的典型星座是牧夫座、天蝎座,秋季的典型星座是飞马座、天鹅座,冬季的典型星座是猎户座、金牛座。全年都可以看到的有大熊座、小熊座等。

(5) 问题讨论

师:星座能决定人的命运吗?请大家运用星座知识讨论一下"星座决定命运"这种说法是否正确。

(学生讨论。)

师:最后,我们得出了一个明确的结论——星座并不会决定命运。希望同学们以后遇到问题时从科学的角度去思考,不要人云亦云。

### 三、知识拓展

师：现在即使在晴朗的天气里，我们看到的星空也不是特别清楚，同学们知道原因吗？

（学生讨论、交流，得出是环境污染造成了这种现象。）

师：要从小、从自身、从每一件事做起，保护环境，不让美丽的星空消失。

【设计意图：联系实际情况，使学生树立环境保护的意识。】

### 四、动手实践

1. 制作星空观察器

师：我们可以用自己的巧手制作一个星空观察器。

（课件出示制作过程。）

（1）将一只空圆筒的底部剪去。

（2）用黑纸另做一个圆筒盖，用胶水或橡皮筋将它固定在圆筒上。

（3）到野外观察星空，把观察到的星星或星座用针"记录"在黑纸盖上，用针来回旋转使洞扩大。

（4）回到房间，将一支手电筒放进纸筒中，朝向天花板，关掉室内电灯，打开手电，于是野外观察到的星空就呈现在天花板上了。

（5）多做几个盖子，"记录"更多的星星和星座。

2. 展示交流

（出示教师提前制作的星空观察器。）

师：现在，请大家共同欣赏老师"记录"的美丽的夜空。

【设计意图：鼓励学生将课堂学得的科学知识、技能运用到实际生活中去，既能加深、巩固学生所学知识，也能培养学生动手操作的能力，激发学生科学探究的兴趣。】

### 五、课堂小结

（教师请学生说说这节课的收获。）

## 教学设计特色 >>>

本课教学设计符合小学科学的学科特点，采用教师讲授与学生探究相结合的互动教学法，按照查阅资料、发现问题、讨论交流、动手实践的顺序，让学生参与到学习活动中来；在教学过程中合理利用多媒体课件，增强教学的直观性；通过观察、分析、想象、交流等活动使学生认识事物、学习知识；让学生动手实践，联系课内所学知识观察事物、分析现象、思考问题，培养其探究能力。

附：

一、板书设计

美丽的星空
四季典型星座

　　　　　　春季　　　狮子座

　　　　　　夏季　　　牧夫座　　天蝎座

　　　　　　秋季　　　飞马座　　天鹅座

　　　　　　冬季　　　猎户座　　金牛座

二、学生记录单设计

一天中星座观察记录单

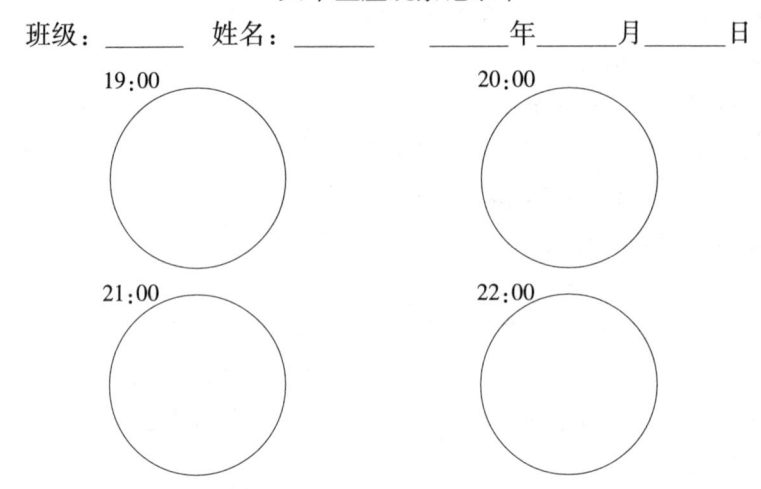

班级：_____　姓名：_____　_____年_____月_____日

19:00　　　　　　　　20:00

21:00　　　　　　　　22:00

三、教学评价设计

本课结束时，让学生在评价表中进行自评（知识评价、态度评价），小组成员进行互评。课后教师对学生的学习过程进行评价反馈，并对自己的教学过程进行反思，不断优化自己的课堂教学。

具体评价内容见下表。

## 学生学习自评表

姓名：_____ _____年_____月_____日

| 分项 | 评价内容 | 评价等次 | | |
|---|---|---|---|---|
| 知识评价 | 知道北半球四季的典型星座 | 知道☐ | 基本知道☐ | 不知道☐ |
| | 掌握基本的探究方法 | 掌握☐ | 基本掌握☐ | 没掌握☐ |
| 态度评价 | 认真倾听别人的意见 | 很好☐ | 好☐ | 待改进☐ |
| | 积极表达自己的意见 | 很好☐ | 好☐ | 待改进☐ |
| | 乐于与同伴合作 | 很好☐ | 好☐ | 待改进☐ |

### 小组成员学习互评表

| 编号 | 内容 | 等级（优秀、良好、合格） | | | |
|---|---|---|---|---|---|
| | | 组员1 | 组员2 | 组员3 | 组员4 |
| 1 | 他（她）积极参与知识的研究和分析 | | | | |
| 2 | 在大部分时间里他（她）踊跃参与，表现积极，举手发言 | | | | |
| 3 | 他（她）的意见总是对我很有帮助 | | | | |
| 4 | 他（她）经常鼓励/督促小组其他成员积极参与协作 | | | | |
| 5 | 他（她）能够按时完成应该做的学习任务 | | | | |
| 6 | 我对他（她）的表现满意 | | | | |
| 7 | 他（她）对小组的贡献突出 | | | | |
| 8 | 他（她）的学习方法科学、有效 | | | | |

**教师评价表**

| 学生学习过程的评价 | 教师的教学反思 |
| --- | --- |
| 1. 全体学生在动口、动脑、动手中参与教学全过程<br>非常好（　）　很好（　）　一般（　） | 1. 内容的安排与目标的制订是否恰当 |
| 2. 学生思维活跃，积极主动发言<br>非常好（　）　很好（　）　一般（　） | 2. 教法的安排是否恰当 |
| 3. 学生间交往是多向的，学生积极参与讨论，发表自己的见解，评论别人发言<br>非常好（　）　很好（　）　一般（　） | 3. 教学目标完成情况如何 |
| 4. 学生在学习中有愉悦的体验，每一名学生都有不同程度的收获<br>非常好（　）　很好（　）　一般（　） | 4. 成功之处与存在的问题 |
| 5. 学生还存在的问题 | 5. 其他想法 |
| 6. 学生存在问题的解决方法 | |

# 重选实验材料，增强亲身体验

## ——"日食与月食"教学课例

河北省唐山市丰南区实验小学　刘俊军

### 教育理论指导 >>>

本课教学设计以建构主义理论为指导，在学生原有认知的基础上展开教学，使教学活动的针对性更强；引领全体学生在行与思的协调联动中亲历概念的形成过程，使学生在逐步建构起日食与月食概念的同时，获得科学素养的全面协调发展。

### 教材分析 >>>

本课是教科版小学科学六年级下册"宇宙"单元中的内容，分为日食和月食两个部分。本节课是在学生认识地球和月球的基础上进行的，从这个意义上说，这一内容是学生认识天体运动的典型资料，也是单元学习的基础部分。

### 学情分析 >>>

在本课前，小学六年级的学生已经学习过"光是沿直线传播的""光和影""地球的卫星——月球"等内容，对月球、地球、太阳三者各自的特点以及之间的相对运动关系已有了一定的认识。另外，学生的思维水平正从具体运算阶段向形式运算阶段过渡，可以根据已有经验和表象进行较为严密的逻辑判断，但因为日食和月食现象比较少见，所以用模拟实验来求证成因难度较大。

### 教学目标 >>>

1. 知识与技能

知道日食和月食是太阳、地球、月球三个天体运动形成的天文现象。

2. 过程与方法

(1) 能用教师提供的实验材料进行日食成因的模拟实验。

(2) 能用简单的图示和箭头表达看到的现象。

3. 情感态度与价值观

(1) 善于与他人合作。

(2) 能够大胆地表达自己的想法。

### 教学重难点 >>>

完成探究日食成因的模拟实验,通过实验建立日食的概念。

### 教学准备 >>>

教师准备:多媒体课件,视频资料,悬挂于教室顶棚中央的橙色球体(模拟太阳),日食成因示意图,月食成因示意图。

学生准备:查阅相关资料。

分组实验材料:带支架、可转动方向的纸筒(模拟天文望远镜),一半黑、一半白的儿童玩具皮球(模拟月亮)。

### 教学方法 >>>

在讲授法、演示法等传统方法的基础上,结合合作学习、自主探索等现代教学方式,促使学生深入理解知识、提高学习能力。

### 教学过程 >>>

一、寻根探源,明确方向

师:课前老师做了调查,大家都听说过日食和月食,有的同学还在电视上或电脑里看见过日食和月食。那谁来说说你对日食和月食的了解呢?

(学生描述自己了解的日食、月食相关情况。)

【设计意图:准确把握学生的已有知识,找准后续教学基点。】

师:对,日食和月食不是随便什么时间、什么地点都可以看到的天文景观。那么,你们想不想知道日食和月食的成因呢?

生:想。

师:好,我们先来探究一下日食的成因。为了弄清日食到底是怎样形成的,我们先来看一看日食发生时的视频资料。在视频播放过程中,同学们应仔细观察,找到查证日食成因的线索。

（播放日食发生时的视频，学生仔细观察。）

师：哪位同学愿意把自己刚才的发现与大家分享一下？

（学生纷纷汇报自己的发现：太阳被一个黑乎乎的东西挡住；这个黑乎乎的东西也是圆的；这个黑乎乎的东西和太阳在天空的大小差不多；这个黑乎乎的东西是从右往左运动的；这个黑乎乎的东西本身不发光……教师简要板书记录。）

【设计意图：教师的记录为学生凭借这些现象进行逻辑推理提供了必要的保证。】

师：这个黑乎乎的东西的出现，使太阳在我们的眼里失去了光亮与圆润，然后这个黑乎乎的东西渐渐离开，太阳就恢复了常态，这种现象就是日食。但是，挡住太阳光线的这个黑东西到底是什么？请同学们在小组内交流、讨论一下，为全班交流做准备。全班交流时，各组不仅要说出本组的判断，还要说出判断的依据。

（小组交流、讨论，全班汇报。）

【设计意图：教师适时组织学生进行合作学习，为学生集思广益解决难点问题提供了重要保证。】

师：综合大家的观点，遮挡太阳的这个黑乎乎的东西就是月球。你们的发现和科学家的发现一样，恭喜你们！大家能推测一下日食是怎样产生的吗？

生：当月球运行到和地球、太阳接近或者正好处在一条直线上时，月球挡住了太阳射向地球的光，而产生了投向地球的阴影。此时，在地球上处于月球阴影部分的人，只能看见太阳的一部分或全部看不见，于是就发生了日食。

【设计意图：根据现象进行科学推测是训练学生思维的重要手段，也是培养学生以事实为依据的最好平台。】

师：刚才大家的推测是不是正确的？想不想知道？怎样才能知道？

生：做实验。

【设计意图：确定探究方向，可以集中学生的有意注意，提高探究的效率。】

二、围绕主题，确定方案

（教师介绍实验材料，组织学生思考这些材料可以分别替代哪些原型。）

师：假设你们小组"天文望远镜"所放的位置就是地球上观测日食的最佳地点，你们小组的"月球"就是唯一的月球，请同学们利用老师提供的材料设计可以证明日食成因的实验方案。

（学生两人一组设计实验方案，然后参与全班交流，完善方案。）

【设计意图：方案的设计一方面锻炼了学生的思维能力，另一方面保证了学生后续操作的时效性。】

三、全员参与，亲历实验

师：根据你们设计的方案，开始进行实验吧！

（每两名学生一组，轮流完成方案中的活动。）

【设计意图：全员参与，全员体验，重在效果。】

四、整理信息，形成概念

师：请你谈一谈在实验中的发现。

（学生交流实验中的发现，以及日食出现时的共同特点，形成日食成因的前概念。教师在黑板上粘贴日食成因示意图并讲解，促使学生形成日食成因的科学概念。）

五、迁移应用，触类旁通

师：我们已经知道了日食的成因，那么月食又是怎样形成的呢？请你猜想一下。

（学生自行讨论，推想月食形成的原因。教师在黑板上粘贴月食成因示意图并讲解，使学生掌握月食成因的知识。）

【设计意图：凭借日食操作的直观印象，组织学生对月食成因进行无实物介入的推想，既锻炼学生形式运算的思维能力，又可解决时间的不足。】

## 教学设计特色 >>>

在教学过程中，为了让读者明晰教师的设计意图，已在相应的环节做了具体的说明，在这里不再赘述。下面仅就为学生准备的实验材料做如下说明。

教材提供的材料是手电筒（太阳），学生手握的大、小球。由于这些材料会造成诸如"很难与人们实际观察日食的情况合拍""现象不明显，回归原型的解释大费周折"等问题，于是教师选取了本设计中提到的材料。这些材料正好弥补了上述缺陷：这组材料的使用，可以使模拟实验与真实观测具有很高的相似度，既能纠正双眼直接目测带来的误差，还能使学生清楚地看到日食的过程；黑白各半的"月球"，不仅保证了替代物与原型的相似度，还使学生体验到近乎真实的日食效果，也为后续推及原型的科学解释做了必要的铺垫。

附：

## 一、学生记录单设计

**实验记录单**

| | |
|---|---|
| 画出日食发生时太阳形状的变化图（至少 3 幅） | |
| 画出日食成因图 | |

## 二、教学评价设计

为使学生全身心地投入学习中并取得令人满意的效果，教师在教学过程中穿插了积极的教学评价，主要体现在以下几个方面。

第一，评价内容的多元化。本课教学中的评价涉及对学生事实性知识及科学概念掌握情况的评价，对学生探究方法、探究效果的评价，以及对学生投入探究的状态的评价。

第二，评价主体的多元化。评价主体既有教师，又有学生。

第三，评价标准的多元化。让学优生做（或回答）难度较大的题目，学困生反之。

第四，评价时机的全程化。从课的开始到课的结束，每个环节都适时穿插积极的教学评价，使学生始终处在兴奋之中，并把这种兴奋延续到课下。

# 引发认知冲突，形成科学概念
## ——"月相变化"教学课例

河北省唐山市丰南区教育局　刘艳梅

### 教育理论指导 >>>

1. 皮亚杰的建构主义学习理论

以学生为中心，强调学生对知识的主动探索、主动发现和对所学知识意义的主动建构；儿童在与周围环境相互作用的过程中，逐步建构起关于外部世界的知识，从而使自身的认知结构得到发展。

2. 杜威的"做中学"教育理论

让所有学前和小学阶段的儿童有机会以符合其年龄特点、认知需要，符合科学探究规律的方式，亲历探究自然的过程，在观察、提问、设想、动手实验、表达、交流等探究活动中，体验科学探究的乐趣，建构基础性的科学知识，获得初步的科学探究能力。

3. 小学科学课程标准

"科学课程必须建立在满足学生发展需要和已有经验的基础之上，提供他们能直接参与的各种科学探究活动。让他们自己提出问题、解决问题，比单纯的讲授训练更有效。"科学学习要以探究为核心，亲身经历以探究为主的学习活动是学生学习科学的主要途径。

### 教材分析 >>>

本课是教科版小学科学六年级下册"宇宙"单元中的内容。本单元的目标是让学生在星空下感知宇宙，形成初步的、浅显的、系统的认识。月球是目前人们最熟悉的天体，而我们对月球最多的印象就是在地球上观察到的各种形状的月相，所以本课在这一单元中占有重要地位。

## 学情分析

小学六年级的学生对月球已经有了一定了解，但这些知识比较零散，系统性、结构性都不强。另外，学生的空间想象能力还不强，不能很好地把现实中的天体与模拟实验中的天体用空间概念图建构起来。

## 教学目标

1. 知识与技能

（1）知道月相在一个月的不同时期有不同的形状。

（2）了解月相变化是月球在围绕地球公转过程中形成的，是有一定规律的。

2. 过程与方法

（1）持续观察月相的变化过程。

（2）根据已有的现象进行简单的逻辑推理并做出假设，同时能在小组学习中搜集、整理别人的观点，根据一定的事实对自己的假设进行调整。

（3）初步利用模型来解释自然现象。

3. 情感态度与价值观

（1）初步意识到宇宙是一个变化的系统。

（2）培养自主性和合作意识。

## 教学重难点

认识到月相在不同时期有不同的形状，月相的变化是有规律的；做好月相变化的模拟实验，在观察过程中详细记录月相的形状、推测月相的农历时间。

## 教学准备

教师准备：多媒体课件，月球模型。

学生准备：画月相用的圆纸片，剪刀，胶水。

## 教学方法

本课突出观察活动的设计与指导，培养学生科学探究的兴趣；充分利用图式教学，突出事物间的联系。

## 教学过程 >>>

一、创设情境，提出问题

1. 明晰月相的概念

师：上节课我们了解了地球的卫星——月球。自古以来，人们一直关注着这个离我们最近的星球，有很多诗歌和神话都是描写这颗神秘的星球的。其中苏轼的《水调歌头》中写"人有悲欢离合，月有阴晴圆缺"，你们知道这句诗是在描写月球的什么现象吗？

生：月球有圆缺的变化。

生：月球的形状变化。

师：在生活中，你们看到过月球有哪些形状的变化？

（学生回答：圆形、月牙、半圆形的、完全没有。课件出示月球形状图。）

师：这是我们生活中看到的月球的各种形状。科学家把月球在圆缺变化过程中出现的各种形状形象称作月相。"相"字就是相貌、样子的意思。今天这节课我们就来研究"月相变化"。

【设计意图：从学生已有的生活经验入手，以谈话的形式自然引入本课，让学生理解月相的含义，感受到月相是在不断变化的。】

2. 提出并聚焦问题

师：关于"月相变化"，你们有哪些想研究的问题？

生：月相是怎么变化的？

生：月相的变化有没有规律？

生：月相一共有多少种变化？

生：每天的月相是什么样子的？

生：月相的变化周期是多长？

……

（教师归纳、整理。）

师：刚才同学们提出的这些问题都非常有研究价值。下面我们就带着这些问题开始今天的研究。

【设计意图：小疑则小进，大疑则大进。教师尝试让学生针对课题提出自己最想研究的问题，同时从学生所提的问题中梳理出本课的教学目标，让学生带着明确的任务开始一节课的探究。】

二、问题引领，分步探究

1. 画月相

师：要想找到月相变化的规律，我们就必须知道一个月中每天的月相是什么样的。因为时间关系，我们只选择8个时间点进行研究。下面每个小组拿出8张圆纸片，根据你们的生活经验，试着画一画月相，并剪下来，贴在你们组的展示板上，注意分工合作，看看哪组最先完成。

（学生尝试画、贴月相，集中展示。）

师：请同学们仔细观察各组的结果，你们发现了什么问题？

生：各组月相的亮面大小和亮面方向不一样。

师：为什么会这样呢？这就需要我们进一步观察。

【设计意图：本环节让学生根据已有的生活经验画月相，使他们自己发现需要深入了解的问题，明确观察重点，培养学生良好的研究习惯。】

2. 模拟实验：探究月相变化规律

师：从大家画的月相中可以看出，对于同一日期的月相大家的认识是不同的，究竟谁对谁错呢？怎么办？

生：做实验。

师：我们怎样完成实验呢？能不能把月亮也像其他材料一样搬到实验室？

生：我们可以做模拟实验。

（1）设计实验方案

师：在设计实验前我们先思考一下，为什么会有不同的月相出现？月相的形成与什么有关？

生：可能与太阳的照射有关。

生：可能与月球本身不发光有关。

生：可能与月球围绕地球运转有关。

（课件出示文字：月球是个不发光、不透明的球体，我们看到的月光是它反射太阳的光。月相实际上就是人们从地球看到的月球被太阳照亮的部分。由于观察者的角度不同，所以看到的月相亮面大小、方向也不同。）

师：同学们对月相的形成提出了自己的设想，老师综合大家的想法，为你们准备了模拟实验材料——月球模型。

（课件出示实验方法：以黑板所在方向为太阳，小组成员脸朝外围成一圈代表地球，每个人代表地球上的一个观察者，月球模型围绕"地球"逆时针转动，转一圈代表一个月。）

师：为了更好地进行实验，老师还有几点提示。

① 组长要使月球逆时针围绕地球转动，转到每位观察者面前都应稍作停顿，让他看清楚月相，一圈刚好一个月，月球亮面始终朝向太阳。

② 小组内每位观察者眼睛平视正前方，第一圈记住自己看到的月相，第二圈用笔快速地在草稿纸上画下来，第三圈检查是否画对了。

③ 看清月相的明暗交界线是朝哪个方向的，画时请注意：明暗交界线画好后再涂黑（也可以用斜线）表示看不见的部分。

④ 实验完成后回到座位画汇总表，贴到黑板上。

【设计意图：培养学生设计实验的能力，让学生初步感受月相产生的原因与月球本身不发光、太阳的照射、围绕地球公转有关。】

师：为了更科学、规范地进行实验，先找一组同学来示范。

（学生示范。）

【设计意图：月相的模拟实验比较抽象，学生操作起来有些困难，所以用小组示范的形式，让学生清楚地了解实验的整个过程和注意事项，确保实验成功，同时培养学生严谨的科学态度。】

（2）小组合作，分组实验

师：下面开始做实验，每个人都要仔细观察。

（学生领取材料分组实验，教师巡回指导。）

（3）汇报展示，总结规律

师：请每一组的同学派代表汇报你们的实验结果。

（各小组学生代表上台展示实验结果，将所画月相按时间顺序贴到黑板上。）

师：同学们仔细观察，我们的实验结果与第一次相比有什么不同？月相变化有什么规律？

（小组汇报、交流，教师引导学生总结。）

师：同学们真了不起，通过自己的努力找到了月相变化的规律。那老师要考考你们，你们能利用月相变化规律推断出其他时间的月相吗？初六的月相是什么样的？十四的呢？

（学生回答。）

【设计意图：总结月相变化的规律是本节课的教学重难点，所以这一环节给学生充分的时间去探究，让学生先仔细观察、独立思考，再小组交流，最后进行全班讨论，经历一个完整的思维过程，培养学生的思维能力。】

三、实际观察，课外延伸

师：这是我们利用模拟实验得到的规律。其实在生活中月相的变化更加复杂，除了形状的变化之外，你们有没有发现过月相还有其他的变化？

生：在位置和时间上都有变化。

师：从今天开始，请你们坚持观察白天的月相一个月，并将月相变化情况记录下来。要观察白天的月相，可以选择在傍晚或清晨进行，在观察中要注意安全。预祝大家在观察中有更多发现！

【设计意图：让学生持续观察月相一个月，既能巩固学生对月相变化的认识，更能培养学生坚持不懈的精神。】

### 教学设计特色 >>>

本课先结合学生的前概念来画月相，引起学生的认知冲突，然后引领学生通过模拟实验验证月相变化的规律，进而修正错误认知，了解科学概念。

另外，本课的板书设计是一大亮点。它按照月相的形成，直观、形象地再现了一个月中月相形成的过程、变化的规律，引领学生对月相形成整体认知。

### 附：

一、板书设计

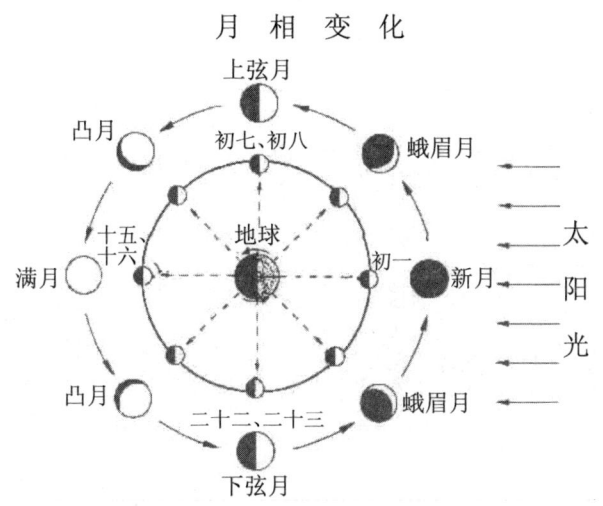

月 相 变 化

二、学生记录单设计

除了在晚上我们能看到月亮，在清晨或傍晚时你是否也会发现天空中有月亮呢？让我们对白天的月相进行一个月的观察，并做好记录。

观察白天的月相，我们需要注意以下几点。

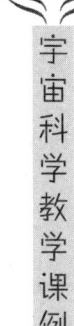

1. 在每天下午放学后的傍晚时分和上午上学前的清晨时分进行观察（每天观察时间最好固定），将天空的月相、月相的农历时间、月相所在位置、太阳所在位置记录下来。

2. 我们也可以在夜晚做一些观察，与白天对比一下，看看月相有什么变化。

3. 在观察中要注意安全，不要在车很多的地方观察。

预祝同学们在观察中有更多发现！

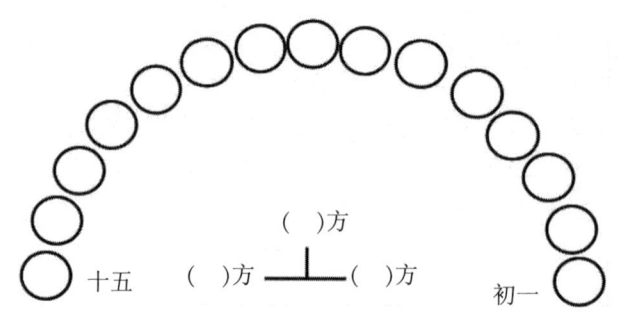

十五　（　）方　｜　（　）方　　初一
　　　　　　（　）方

### 三、教学评价设计

**学生学习自评表**

| 评价等级<br>评级指标及权重 | A（10分） | B（6分） | C（4分） |
|---|---|---|---|
| 科学态度（0.1） | 坚持一个月每天观察月相变化，并做好记录 | 坚持一个月每天观察月相变化，不能坚持记录 | 偶尔观察月相，不能坚持记录 |
| 参与程度（0.3） | 积极参与探究的整个过程，按时完成自己的任务并关心小组探究进展，积极出谋划策，主动取得教师、家长和社会其他成员的支持 | 主动参与探究，关心小组工作的进展，能完成自己的任务 | 在活动中比较被动，不关心活动的进展，对任务不尽心 |

(续表)

| 评级指标及权重 | A（10分） | B（6分） | C（4分） |
|---|---|---|---|
| 探究技能（0.3） | 能从具体复杂的现象、情境中提出探究的问题，能针对探究目的和条件设计并进行科学研究，能搜集、分析和解释资料，能运用证据进行描述、解释、预测和建构模型，具有交流能力，能承认并分析其他解释方案和模型 | 能提出问题并界定探究内容，能设计探究方案，对完成的探究活动能大致解释，并与其他人共同交流与探讨 | 不能提出问题，不能完成探究方案的设计，只能执行他人的设计，表达能力较弱，不能解释结果，不能对他人的探究提出质疑 |
| 合作精神（0.1） | 与小组成员合作愉快，表现出较强的组织协调能力，一般是小组的领导者 | 与小组成员主动合作，积极配合小组活动，是小组的核心成员 | 被动合作甚至不合作，任务是他人布置的，需要别人监督和指导 |
| 创新精神（0.1） | 善于通过实践验证自己的设想，有一定的动手能力，有一定的成果表现 | 肯动手实践，有一定的动手能力 | 缺乏动手能力，拒绝动手实践 |
| 交流与评价（0.1） | 具有较强的交流意识，能正确地评价自己和他人，能论述自己的探究过程和结果，能很好地解答他人的提问，对他人的探究结果能提出比较深刻的问题并展开民主讨论 | 有交流意识，对自己的探究过程和结果能大致进行解释和评价，能对他人的探究结果提出质疑 | 一般是交流与评价的旁观者，不能解释自己的探究，不能对自己和他人的探究过程和结果进行交流和评价 |

# 重视科学情境创设，提高学生思维能力
## ——"昼夜的形成"教学课例

河北省石家庄市中山路小学　王　霞

### 教育理论指导 >>>

小学科学课程标准指出，科学课要有计划、有步骤地展现教学情境，引导学生带着兴趣和关注去观察、实验。因此，教师在教学中要创设适宜的情境，引导学生思考并进行问题探究。科学课的核心是探究活动，如何有效地进行探究呢？教师应从以人为本、回归生活、注重发展的教育理念出发，丰富情境的内涵，将科学探究教学活动与情境教学相结合，以指导观察为基础，以发展思维为重点，着眼创造性，促进学生思维、想象、记忆等能力的发展。

维果茨基指出："教育学不应当以儿童发展的昨天，而应当以儿童发展的明天作为方向。"只有当教学走在学生发展的前面的时候，才是好的教学。教师应不断把学生带入永远没有终结的一个又一个最近发展区，使学生不断意识到以前不曾留意的东西。

### 教材分析 >>>

本课是冀教版小学科学四年级上册的内容。本节课教学有助于学生加深对之前所学的知识——太阳和影子的关系的理解，而且是学生进一步理解昼夜变化对生物的影响的基础，对后续学习起到奠基作用。

### 学情分析 >>>

小学四年级的学生早已熟悉地球、白天、夜晚等词汇，也知道太阳东升西落、一天有 24 小时等常识。他们对宇宙和地球的真面目有着强烈的好奇心与无限的遐想，特别想知道天体运动的真相，有求真求实的科学精神。而且，他们的思维正在由具体形象思维向抽象逻辑思维发展，学习方式开始从被动学习向主动学习转变，对一些事实性的知识有了模糊的认识。

### 教学目标 >>>

1. 知识与技能

能说出地球在不停地自转，自转一周为一天，需 24 小时。

2. 过程与方法

能够在合作中设计验证昼夜交替的模拟实验方案。

3. 情感态度与价值观

敢于对别人的结论提出质疑，认识到科学的发展是漫长的。

### 教学重难点 >>>

认识昼夜和昼夜交替形成的原因及规律；通过模拟实验，认识昼夜交替的成因。

### 教学准备 >>>

教师准备：多媒体课件，白天和夜晚的天安门图片，相关视频，地球仪（粘贴了小房子和小人）。

学生准备：手电筒（用纸杯固定）。

### 教学方法 >>>

本课运用的主要教学方法有导入环节的谈话法，学生小组活动环节的观察法、实验法，知识形成环节的演示法等。其中情境教学法贯穿教学过程始终，引发和诱导学生的思维朝着预设目标前进。

### 教学过程 >>>

一、创设情境，引发思考

师：同学们喜欢旅游吗？

生：喜欢。

师：老师也喜欢旅游，前两天到北京玩了一次，还拍了照片。有这样两张照片，大家看一下。

（出示白天和夜晚的天安门图片各一张。）

生：天安门。

师：看来大家都知道。老师有一个问题需要大家帮我解决，这两张照片我不记得哪一张是在白天拍摄的，哪一张是在晚上拍摄的，大家能替我指出来吗？你是怎么判断的？

生：左面的是白天，右面的是夜晚。我是通过周围景物的亮度判断的。

生：我也同意他的观点。

师：大家太棒了。在生活中我们把被太阳照亮的时间称为昼，没有被太阳照亮的时间称为夜。大家的知识这么丰富，能不能结合自己生活中的知识讲一讲你认为昼和夜是如何形成的？

（学生讲述自己的猜想。）

【设计意图：利用两张同一景观的昼夜对比图片创设教学情境，激发学生的学习兴趣，引发学生的思考与表达，提出本节课要研究的中心问题——昼夜是怎样形成的。】

二、自主体验，合作探究

师：大家先在组内讨论一下，发表自己的看法，可以在纸上作图演示，也可采用别的方法，一会儿再把自己的观点和全班同学分享一下。

（学生组内讨论，全班交流。）

师：同学们的看法主要有四种。第一种：地球不动，太阳绕着地球转。第二种：太阳不动，地球绕着太阳转。第三种：地球自转。第四种：地球绕着太阳转，同时自转。

【设计意图：通过讨论昼夜形成和交替的原因，启发学生积极大胆地进行假设，培养学生善于猜想、勇于想象的科学思维能力。】

师：同学们都积极地发表了自己的看法，但这些观点是否成立，我们要通过一个模拟实验来验证。

（教师介绍实验的注意事项，出示实验要求。）

师：现在我们一起奔向遥远的太空，从太空观察一下我们的地球。下面我们以小组为单位，利用手电筒和地球仪验证自己的观点并做记录。

（学生实验，记录观察现象。教师指导。）

【设计意图：让学生通过小组合作完成模拟实验，观察和体会昼夜的形成过程，从而促使学生的思维由具体形象思维逐步向抽象逻辑思维过渡。】

师：哪一个小组把刚刚观察到的实验现象和大家分享一下？

（学生交流、汇报。）

三、分析比较，归纳概括

师：大家的知识真渊博啊。科学家们对昼夜形成做了科学的解释，大家想不想了解一下？

生：想。

（教师播放视频。）

师：通过观看视频和大家的实验验证，我们对昼夜的形成有了深入的了解，现在我们一起来总结一下。

（师生共同总结。）

地球的自转方向：地球不停地自西向东绕着地轴自转。

时间：地球自转一周大约需要24小时。

昼与夜：地球在自转的过程中，某一地点转到朝向太阳的时候，就是白昼；当这一地点转到背向太阳的时候，就变成黑夜。

昼夜交替：地球的自转。

【设计意图：利用视频帮助学生进一步明确昼夜形成及交替的原因，同时对知识概念较为模糊的学生起到了及时"扶"的良好作用，使学生对知识更加明确。】

四、拓展延伸，实践运用

师：老师还有个问题，请大家运用今天学习的知识来回答。在同一天中，上海和乌鲁木齐，哪个城市先被太阳照到？

（学生讨论、回答。）

师：大家真是太棒了。科学研究是一个复杂的过程，对于地球的运动，贡献最大的就是波兰天文学家哥白尼。下面我们一起来了解一下他是如何做的。

（播放视频。）

师：正是由于他坚持不懈的研究才让人类对地球有了进一步认识，希望大家也能学习他这种科学探究的精神。

【设计意图：通过知识运用考查学生对知识的掌握情况，并通过观看有关哥白尼的视频使学生意识到科学结论不是从来就有的，有时需要经历一段漫长的时间，让学生明白科学是不断发展的、科学不迷信权威。】

五、教师总结

师：正是由于昼夜的变化，动植物才能生活和生存，才形成了神奇的大自然。大自然的奥秘还有很多，希望同学们将来能够进一步探索，造福于社会。对于一种自然现象我们可能会有多种解释，但我们获得的证据越多，就越有可能对其做出最合理的解释。

### 教学设计特色 >>>

第一，注重将小学科学与情境教学相结合，培养学生的科学思维。在本课中，教师始终围绕情境教学展开设计：利用多媒体课件展示图片、播放视频等为学生创设音像情境；运用启发式语言和实验材料为学生创设模拟实验情境；

在每一个环节都不断引导学生猜想、想象、联想，最终形成运用知识的思维情境。正是由于教师重视科学情境的有效创设，才使学生的科学思维能力得到了锻炼和提高。

第二，模拟实验设计及材料的创新，便于学生理解和把握。在参考和尝试教材中实验的基础上，教师反复试验，希望有更好的实验效果，帮助学生更快地掌握知识，特将实验的设计和材料都加以改进和加工。教师选择光束大小可调节的手电筒，并将其用胶带横向固定在倒扣的纸杯的底部，让其表示太阳的一束光，并在地球仪的某一位置粘贴小房子和小人，让其代表地球上的一个人。实践证明，这样的实验模型便于学生操作、理解、掌握，提高了课堂教学效率，节省了学生的宝贵时间。

附：

一、板书设计

昼夜的形成

地球自转 ⟶ 昼夜

（自西向东）

二、学生记录单设计

**实验记录单**

| 课题 | | 班级 | |
|---|---|---|---|
| 小组长 | | 小组成员 | |
| 小组记录员 | | 小组实验员 | |
| 描绘出猜想的昼夜形成及交替的原因 | | | |
| 实验验证 | 学生猜测 | 能否解释昼夜交替 | 不合理之处 |
| | ① 地球不动，太阳绕着地球转 | | |
| | ② 太阳不动，地球围着太阳转 | | |
| | ③ 地球自转 | | |
| | ④ 地球围着太阳转，同时自转 | | |
| 我的收获 | | | |

三、教学评价设计

在本课教学中教师注重教学评价，关注学生的学习全过程。首先，对学生的学习目标这一前置性评价内容是否达成、效果如何教师都十分关注，在备课阶段教师已经了解了学生的前概念，在此基础上设计各个教学环节，并通过与学生的课堂互动与交流及时调整语言表述方式，使教学达到了目标设定的要求。其次，在提出问题和猜想阶段，教师鼓励学生进行自评和互评，引领学生的思考方向，特别是在学生模拟实验时，教师深入各个小组的学生活动中，及时指导学生实验并纠正学生出现的问题。最后，在教学结果的评定阶段，教师本着学生自评与他评结合设计思考题，让学生自己检验和评价自己的学习效果。总之，教师理解并重视科学教学的多元化评价，注重本堂课教学的过程性评价。

# 面向全体学生，开展丰富多样的活动

## ——"探索宇宙"教学课例

河北省定州市东马家寨小学　陈　亚

### 教育理论指导 >>>

科学课程要面向全体学生，为每个学生提供公平的学习机会和有效的指导。同时，学生是学习的主体，教师在教学过程中要发挥学生的主体性，让学生积极主动地参与科学探究活动，从中获得科学知识、技能，培养质疑、探究的科学态度。科学课程还具有开放性，在学习的内容、活动的组织等方面要给学生提供选择和创新的机会。

### 教材分析 >>>

本课内容是冀教版小学科学六年级下册"宇宙与航天技术"单元第二课"探索宇宙"第二课时活动 3"做个火箭工程师"和科学在线"中国航天的创始人钱学森"。

### 学情分析 >>>

本课是在学生认识了浩瀚的宇宙之后，借助各种人类探索宇宙的工具来了解人类探索宇宙的历史。在第一课时，学生学习了各种各样的宇宙探测器，并通过设计制作活动初步了解了望远镜的工作原理，对制作活动表现出浓厚的兴趣并培养了一定的动手制作能力，对新知识表现出强烈的探求欲，但在创新精神方面稍有欠缺，有少部分学生没有主动动手的欲望，必须在他人的帮助下才能完成制作。本课中学生可能对制作小火箭这个活动感兴趣，因此，在本课教学中，旨在让学生通过小组合作完成教学目标。

### 教学目标 >>>

1. 知识与技能
(1) 能复述万户的故事。
(2) 能用自己的话解释火箭运动的动力来源。
(3) 能说出影响火箭飞行的因素。
2. 过程与方法
(1) 能按照要求制作一个火箭模型。
(2) 能总结出使火箭飞得更直、更高的方法。
3. 情感态度与价值观
(1) 能主动与其他同学交流自己搜集的资料或意见。
(2) 能向他人介绍钱学森等科学家的事迹并学习他们的精神。

### 教学重难点 >>>

通过制作活动初步了解火箭的工作原理。

### 教学准备 >>>

教师准备：多媒体课件。
学生准备：搜集关于探索宇宙和钱学森的资料，制作火箭的材料（硬纸板、气球、胶水、剪刀、彩笔）。

### 教学方法 >>>

教学中，采用的教学方法有小组讨论法、实验探索法、信息搜集法等。

### 教学过程 >>>

一、导入新课
师：上节课我们了解了一些宇宙探测器，知道了人们是利用宇宙探测器来探索宇宙奥秘的。但是，宇宙探测器是怎么"飞"到太空中的呢？
（学生自由发表看法。）
师：事实上，人们是用火箭将各种卫星、空间站或探测器发射到太空中去的。这节课我们就来做个火箭工程师，初步探索一些火箭的小秘密。
【设计意图：利用问题导入，有利于激发学生的探索欲望，并明确本课的教学目标。】

二、了解万户的故事

师：你搜集到了哪些关于我国古代人民探索宇宙奥秘的资料？

（学生根据搜集到的资料回答，如嫦娥奔月、敦煌飞天、屈原问天、竹蜻蜓、风筝、火炮、火箭等。）

【设计意图：检查预习作业，培养学生搜集资料的习惯和能力。】

师：你知道一个叫万户的人吗？下面我们请一位同学来讲讲万户的故事。

（学生讲万户的故事。）

【设计意图：锻炼学生的语言表达能力。】

师：你从万户的故事中感受到了什么？

（学生讨论、交流。）

【设计意图：引导学生学习万户为了科学不怕牺牲的精神。】

三、模拟研究火箭的工作原理

师：探索宇宙的奥秘离不开火箭，那么火箭是用什么做动力的呢？

生：不同的火箭采用不同的燃料，比如，古代人用火药，现代人用煤油或液态氢。

师：那火箭的工作原理是什么呢？现在我们用气球来做模拟实验。

（学生合作，用气球做实验。）

【设计意图：让学生通过亲自动手做实验，逐步培养科学思考的习惯和乐于动手的习惯。】

师：做完实验后，请大家说一说：空气向哪个方向喷出？气球向哪个方向飞出？气球是靠什么力量前进的？

（学生讨论、交流。）

师：空气向下喷出，气球向上飞，这就是反作用力，也叫反冲力。火箭的工作原理就是利用了反冲力。

【设计意图：培养学生的归纳能力，并为下一环节制作小火箭奠定知识基础。】

四、制作小火箭，实验探究

师：请同学们利用身边的材料制作小火箭，步骤详见课本。

（学生动手操作。）

【设计意图：锻炼学生的动手制作能力。】

师：你认为影响火箭飞行速度的因素有哪些？

（学生思考、讨论。）

师：分组开展对比实验，探究影响火箭飞行的因素，填写实验记录单。

（学生做实验。）

【设计意图：突破教学重难点，帮助学生建立正确的科学思维方式，激发学生积极主动参与科学研究活动的兴趣。】

师：刚才同学们通过对比实验探究了影响火箭飞行的因素，它既与吹气量的大小有关，又与火箭尾翼的位置有关。另外，不同同学制作的火箭飞行速度也不一样，有风的时候与无风的时候也不一样……可见，影响火箭飞行的因素既有火箭本身的材料、动力和工艺等方面的因素，也有外界气候、环境等方面的因素。要做个真正的火箭工程师不是一件容易的事情，稍有不慎就会酿成大错，给国家造成很大损失。所以，我们要从现在开始努力学习，为将来成为一名真正的火箭工程师而努力。

五、交流资料

师：根据课前搜集的资料，你们知道我国已经发射了哪些火箭吗？

（学生交流。）

师：目前，我国不仅已经成功研制了火箭，还利用火箭成功地把多种宇宙探测器送入太空，如神舟系列飞船、人造地球卫星等。为了探索宇宙，我国无数科学家付出了毕生的心血，钱学森就是其中的一位。

【设计意图：拓展知识，使学生受到爱国主义教育。】

（学生展示搜集到的有关钱学森的资料。）

师：读一读课本中的"科学在线"。你得到哪些启示？我们应该学习钱学森爷爷的哪些精神？

（学生交流。）

【设计意图：完成情感态度与价值观目标，激发学生学习科学家为科学献身、积极探索的精神。】

六、总结本课

师：本节课我们研究了火箭的工作原理，制作了小火箭，探究了如何使小火箭飞得又高又直，还了解了中国航天创始人——钱学森爷爷。希望大家课下继续搜集有关探索宇宙的资料并互相交流。

【设计意图：帮助学生理清本课的学习内容，布置任务，使课虽完但学未尽。】

## 教学设计特色 >>>

本课设计结合学生的年龄特征和生活经验开展了丰富多样的活动，教学内容由浅到深。这节课有教师的讲解，更有学生的热烈讨论、积极探索和动手操作。课结束后，又让学生进行了自评和互评，使其对自己这节课的表现有一个比较全面的认识，强调了学生的自主探究和个性发展，帮助学生形成良好的科

学品质。

## 附：

一、板书设计

探索宇宙

火箭：中国　万户　火药　液态氢

原理：反冲力

二、学生记录单设计

**实验记录单**

| 影响因素 | | 火箭飞行的高度 |
|---|---|---|
| 吹气量 | 吹到气球的1/4处 | |
| | 吹到气球的1/3处 | |
| | 吹到气球的1/2处 | |
| | 把气球吹满 | |
| 尾翼位置（可以画图） | | |

三、教学评价设计

本课结束时，教师在总结本课内容的基础上，首先让学生对照本节课的三维目标进行自我评价，然后小组互评；其次，对自己的教学进行评价反思。

**学生学习自评表**

| 项目 | 评价内容 | 评价等级（在相应的等级后面打√） | | |
|---|---|---|---|---|
| 知识与技能 | 能复述万户的故事 | 知道 | 基本知道 | 不知道 |
| | 能用自己的话解释火箭运动的动力来源 | 知道 | 基本知道 | 不知道 |
| | 能说出影响火箭飞行的因素 | 知道 | 基本知道 | 不知道 |
| 过程与方法 | 能按照要求制作一个火箭模型 | 知道 | 基本知道 | 不知道 |
| | 能总结出使火箭飞得更直、更高的方法 | 知道 | 基本知道 | 不知道 |
| 情感态度与价值观 | 能主动与其他同学交流自己搜集的资料或意见 | 很好 | 好 | 待改进 |
| | 能向他人介绍钱学森等科学家的事迹并学习他们的精神 | 很好 | 好 | 待改进 |

## 小组成员学习互评表

| 项目 | 评价内容 | 组员1 | 组员2 | 组员3 | 组员4 | 组员5 | 组员6 | 组员7 |
|---|---|---|---|---|---|---|---|---|
| 1 | 参与小组讨论情况 | | | | | | | |
| 2 | 运用材料动手制作情况 | | | | | | | |
| 3 | 吸取其他同学的意见情况 | | | | | | | |
| 4 | 表达交流情况 | | | | | | | |
| 5 | 在本节课的表现情况 | | | | | | | |

注：评价等级为非常好、好、一般、不满意。

## 教师评价表

| 学生学习过程的评价 | 教师的教学反思 |
|---|---|
| 1. 全体学生在动口、动脑、动手中参与教学全过程<br>非常好（ ） 很好（ ） 一般（ ）<br>2. 学生能提出研究的问题，并且通过合作探究努力解决问题<br>非常好（ ） 很好（ ） 一般（ ）<br>3. 学生思维活跃，积极主动发言<br>非常好（ ） 很好（ ） 一般（ ）<br>4. 学生在学习中有愉悦的体验，每一名学生都有不同程度的收获<br>非常好（ ） 很好（ ） 一般（ ）<br>5. 学困生对本节课知识技能的掌握程度<br>非常好（ ） 很好（ ） 一般（ ）<br>6. 学生学习本节课还存在的问题 | 1. 内容的安排与目标的制订是否恰当<br><br>2. 教法的安排是否恰当<br><br>3. 教学目标完成情况如何<br><br>4. 成功之处与存在的问题<br><br>5. 其他想法 |

# 转变学生角色，培养主动学习能力

## ——"太阳系的奥秘"教学课例

河北省石家庄高新区教研室　雷　杰

### 教育理论指导 >>>

本课的教学以科学探究和建构主义理论为指导，通过自制的教学软件，建立教学网站，为学生营造开放的教学空间，形成真实的探究体验，使学生经过比较、类比的智力操作步骤，系统地建构太阳系这一科学概念。

### 教材分析 >>>

本课是冀教版小学科学六年级上册"太阳家族"单元中的内容。学生在学习了生命世界的多样性和物质世界的能量转换以后，继续研究宇宙中的结构与系统，通过对太阳系的解密来了解太阳系的结构。

### 学情分析 >>>

在本课教学之前，学生已经知道地球的运动、月相的变化、日食和月食，以及地球、月球、太阳之间的关系等，这些知识为本节课的学习奠定了基础。六年级的学生已具有初步的理性思维，也具备一定的自主学习、协作探究的能力，对新信息的新鲜感常常影响对主题的深层次理解、探索与把握。为此，教师要不断改进课堂组织方式，以期全面发挥学生学习的主体作用；要给更多的学生提供交流的时间和空间，在有效的自主探究与小组合作交流中，促进学生自主合作学习行为的养成，让学生体验到更多的学习乐趣。

### 教学目标 >>>

1. 知识与技能

（1）能用自己的话正确地描述太阳系的组成和八大行星的排列顺序。

（2）初步了解行星、恒星、彗星等不同天体的特点。

2. 过程与方法

能通过计算从各个行星乘坐不同的交通工具到太阳的时间，感受太阳系的庞大。

3. 情感态度与价值观

能与其他同学交流自己的计算结果和学习感受。

## 教学重难点 >>>

从空间和时间两个维度系统地建构太阳系的科学概念；通过数据分析和计算认识太阳系的庞大。

## 教学准备 >>>

教师准备：自制教学软件，建立"太阳系"的学习网站（网站中包括"相关学说""太阳家族""神话传说""帮帮它们""想想做做""八大行星""科学在线""视频点播"八个专题内容，其中包括大量的图片、文字及视频，此外还有"宇宙探秘网""星空天文网""中国科普博览"等网站链接）。

学生准备：课前搜集有关太阳系的资料。

## 教学方法 >>>

本课教学的主要方法有以下几种：（1）演示法。利用教师自制的软件，通过演示，帮助学生认识神秘的太阳系。（2）讨论法。采用小组讨论的方法梳理学生对太阳系的认识。（3）探究法。使学生通过顺序排列和数据计算，从两个维度探究太阳系的奥秘，激发学生的学习兴趣。

## 教学过程 >>>

一、趣味问题导入新课

师：假设你是"神舟六号"载人飞船的航天员，你上太空后想探索些什么？

（学生发言，教师简述人类探索太阳系的历史。）

师：同学们，课前老师让你们搜集有关太阳系的资料，你们对太阳系又有了哪些新的认识？是怎样知道的？

（学生充分交流搜集到的资料。）

师：同学们搜集了这么多有关太阳系的资料，那太阳系到底是什么样子？

它又有哪些兄弟姐妹呢？下面老师就带你们走进太阳系。

二、师生互动学习新课

（播放太阳系的视频，学生交流对太阳系的认识。）

师：太阳系由太阳和围绕它旋转的一群天体组成，太阳是太阳系中唯一一颗发光、发热的恒星，地球和其他七颗行星共同构成了太阳系的八大行星。

（学生进入学习网站，打开"帮帮它们"栏目，在电脑上完成对八大行星排列顺序的练习。）

师：同学们，太阳系有这么多的家庭成员，那它到底有多大呢？你能想象出来吗？

（学生汇报。）

师：请打开网站中的"想想做做"栏目，自己看一下八大行星的直径数据并按照体积大小给八大行星排序。

（学生在电脑上操作，全班交流。）

师：再看看太阳与八大行星之间的平均距离。

（学生读数字，谈感受。）

师：请小组同学分别计算乘坐不同的交通工具从地球、火星、海王星到太阳各需多长时间，并把计算结果记录下来。

（学生计算并讨论。）

三、拓展活动

师：你们还想研究太阳系的哪些问题？

（学生自由发言，提出自己想研究的问题。）

师：给你们十分钟时间，请大家再到本课的学习网站和相关的网站链接中查阅资料，自由探究学习。

（学生读一读、看一看、想一想、议一议。）

### 教学设计特色 >>>

有关宇宙知识的教学一向是科学课教学中的一个难点，也是学生学习的一个难点，这些知识离学生的生活较远，直观性差，单凭一本书、几件学具，以及教师的讲解是很难达成教学目标的。

本课的教学设计特色是把教学内容与信息技术进行整合，借助现代信息技术的直观性、想象性、超时空性来达成本课的教学目标。课前，教师针对本课的教学内容从网络中搜集了大量有关太阳系的图片、文字、视频等，并制成了太阳系的相关网站，用计算机模拟再现太阳系的整体面貌和各行星的运动情况，帮助学生掌握教学重点，突破教学难点，提高课堂效率，实现课程目标。同时，利用现代信息技术进行教学，使学生从被动的知识接受者转变为知识的共同建构者，使他们能更积极地参与学习过程，更主动地进行科学探究。

**附：**

### 一、板书设计

太阳系的奥秘

|  |  |
|---|---|
| | 恒星 |
| | 行星 |
| 太阳系 | 卫星 |
| | 彗星 |
| | 小行星 |

### 二、学生记录单设计

我们小组想研究的问题：＿＿＿＿＿＿＿＿＿＿＿＿＿＿＿＿＿＿＿＿。

认真分析我们的研究结果，我们发现：＿＿＿＿＿＿＿＿＿＿＿＿＿＿。

**八大行星具体情况记录单**

| 八大行星 | 直径 | 距太阳的平均距离 | 体积（亿立方千米） | 有几颗卫星 | 自转 | 公转 |
|---|---|---|---|---|---|---|
| 水星 | | | | | | |
| 金星 | | | | | | |
| 地球 | | | | | | |
| 火星 | | | | | | |
| 木星 | | | | | | |
| 土星 | | | | | | |
| 天王星 | | | | | | |
| 海王星 | | | | | | |

### 三、教学评价设计

**1. 过程性评价**

在学生的学习过程中，教师采用观察法对学生观察是否全面、表达是否清晰、提问是否恰当、交流是双向还是多向等进行评价，并采用激励性的语言鼓励学生认真观察，积极思考、交流。

2. 结果性评价

（1）填空

① _____是太阳系中唯一发光、发热的恒星。

② 1543 年，波兰科学家_____第一次提出了日心说。

③ 太阳系中最著名的彗星是_____，它每_____年左右围绕太阳转一圈。

④ 请你根据距离太阳由近到远的顺序给行星排序。

（2）选择

① 2006 年召开的国际天文学联合会投票决定，（　　）不再是行星。

A. 冥王星　　　　B. 北斗星　　　　C. 火星　　　　D. 地球

② 太阳系的八大行星中体积最小的行星是（　　）。

A. 水星　　　　B. 木星　　　　C. 火星　　　　D. 金星

③ 彗星围绕太阳旋转的轨道是（　　）的。

A. 完美的圆形　　B. 椭圆形　　　C. 正方形　　　D. 三角形

④ 下列行星中，（　　）有光环。

A. 火星　　　　B. 地球　　　　C. 水星　　　　D. 土星

⑤ 行星围绕太阳旋转的方向是（　　）。

A. 顺时针　　　　B. 逆时针

（3）绘图

请根据行星的大小比例绘制太阳系模型。

# 在感知的基础上提炼、理解原型

## ——"地球的近邻——月球"教学课例

河北省石家庄市长征街第三小学　周洪健

## 教育理论指导 >>>

1. 基本理念

科学课程应面向全体学生，适应学生个性发展的需要，使得每位学生都能获得良好的科学教育；科学探究是学生获取科学知识、掌握科学方法、领悟科学思想的重要途径；小学生对周围的世界具有强烈的好奇心和求知欲，这是推动学生开展科学探究的内在动力。

2. 建构主义理论

教学要增进学生之间的合作，使学生了解与自己不同的观点；教学不能无视学生已有的知识经验，要把学生原有的知识经验作为新知识的生长点；教学应在教师的指导下以学生为中心。

3. 多元智能理论

要根据学生的差异选择恰当的教学方法；应充分了解学生的基础，挖掘课堂内的各种资源；学生对学习活动具有主动性。

## 教材分析 >>>

本课是冀教版小学科学六年级上册"太阳家族"单元中的内容。本课的内容结构如下。

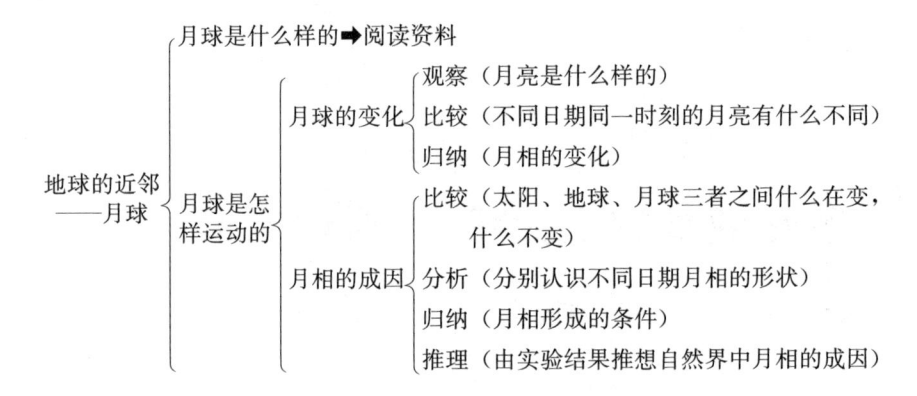

```
                  ┌ 月球是什么样的 ➡ 阅读资料
                  │              ┌ 观察（月亮是什么样的）
                  │      ┌ 月球的变化 ┤ 比较（不同日期同一时刻的月亮有什么不同）
地球的近邻         │      │          └ 归纳（月相的变化）
  ——月球  ┤ 月球是怎 ┤              ┌ 比较（太阳、地球、月球三者之间什么在变，
          样运动的 │      │              什么不变）
                  │      └ 月相的成因 ┤ 分析（分别认识不同日期月相的形状）
                  │                  │ 归纳（月相形成的条件）
                  │                  └ 推理（由实验结果推想自然界中月相的成因）
```

### 学情分析

在知识方面，日常生活中，学生看到过月亮的圆缺变化，知道农历初三是月牙，十五是满月。通过上节课的学习，学生已经了解了月球自身不会发光，只能反射太阳的光芒；月球绕地球旋转一周的时间是一个月。

在能力方面，通过三年多的学习，学生已经掌握了一定的观察方法和实验方法，能按照时间顺序观察某一事物的运动变化，能按照实验方法进行模拟实验，能根据实验结论进行推理想象。但学生缺少观察天体变化的环境和长期观察的毅力，因此，学生可能对月相变化了解得不够，对月相成因的模拟实验原理难以理解。

### 教学目标

1. 知识与技能

能说出什么是月相以及月相的变化规律，能归纳出月相的成因。

2. 过程与方法

能根据三球仪假设月相形成的条件，能根据实验方法进行模拟实验，能根据实验结果推想出月相的成因。

3. 情感态度与价值观

能与小组同学分工合作完成活动任务，能认真、细致地进行实验观察。

### 教学重难点

通过观察认识月相的变化规律；通过实验认识月相的成因；猜想月相的形成与什么有关。

## 教学准备

教师准备：月相变化观察盒，三球仪，月相成因演示教具，分组实验材料，多媒体课件。

学生准备：课前观察月亮的形状。

## 教学方法

第一，利用学生的生活经验和观察结果，激发学生学习的积极性。

第二，通过猜想和推理，启发学生设计实验模型，培养学生的创新思维。

第三，组织学生小组合作，验证猜想，形成知识。

第四，教师演示模拟月相变化操作步骤。

## 教学过程

一、复习导入，提出问题

1. 演示分析，认识月相

师：谁知道昨天晚上月亮是什么形状的？初三的月亮是什么样的？初五、十二、十五的月亮又是什么样的？

（课件演示初三、初五、十二、十五晚上八点的月相。）

师：我们看到的月球的不同的形状叫作月相。

【设计意图：在之前的学习中，学生已经了解了一些不同时间的月相，通过提问，引导学生回忆相关知识，为探究月相的变化奠定基础。】

2. 比较月相，推想变化

师：从农历初一到十五随着日期的推移，月相发生了什么变化？

（课件演示月相，让学生比较不同时间月相的不同，并理解从农历初一到十五月球的位置在逐渐向东移动，其明亮部分在逐渐增大。）

师：每天同一时刻月球的位置逐渐向东移动说明了什么？

生：月球总是在围着地球公转，公转的方向是自西向东。

【设计意图：通过演示不同日期同一时刻月相的变化，充分调动学生关于月相的原始认知，促使学生对月相变化规律的思考。】

3. 推想验证，概括规律

师：农历十五之后，随着日期的推移，月相又是怎样变化的？

（学生推想，并画在纸上，再通过月相变化观察盒，验证自己的推想是否正确。）

师：哪位同学来根据观察结果分析一下月相一个月中是怎样变化的？

（学生分析。）

【设计意图：学生根据自己的推想画出月相变化图，再通过月相观察盒验证，激起求知欲。】

二、创设情境，猜想假设

1. 依据知识，猜想月相变化

师：通过观察，我们知道了月相在一个月中的位置、明亮部分、方位的变化等。你是否想过月相明亮部分的变化与什么有关？

（学生可能猜想到与阳光以及月球绕地球公转有关，教师可以提示：月球本身不发光，明亮的月光是从哪来的？阳光照射月球时是整个月球全部被照亮，还是一部分被照亮呢？月球绕地球公转过程中什么在变，什么不变呢？）

2. 演示三球仪，提出假设

（教师演示三球仪，学生观察月球被阳光照亮的情况和月球绕着地球公转时与地球相对的一面是否发生变化。）

【设计意图：让学生通过观察猜想到月球绕着地球公转，每天的位置都在发生变化，阳光照亮月球的一半不变，月球的一面总是向着地球不变。】

三、实验观察，验证假设

1. 根据假设，设计实验

师：在设计实验前，大家先想一想：（1）需要几个球体（3个：发光的太阳，地球，月球）；（2）怎样摆放（太阳在一侧，月球绕着地球转）；（3）在转动时什么变，什么不变（月球每天的位置在变化，月球的一面始终面向地球，阳光始终照亮地球的一半）；（4）从哪里观察月相（地球上）。

2. 出示材料，分组实验

（教师介绍实验材料，学生组装实验模型，分组实验，观察记录。）

【设计意图：让学生以小组为单位讨论如何建构模型，设计方案验证假设，然后对学生的想法加以引导，确定用实物模拟月相的成因，使学生通过直观的模拟实验得出月相的成因是由于太阳、地球、月球三者的空间位置发生了变化。】

四、分析现象，形成知识

1. 汇报结果，归纳结论

（学生汇报实验结果。）

师：月球不发光，朝着太阳的一面是亮的。月球在公转过程中，它的一面始终朝向地球，并且每天同一时刻与地球的相对位置都有所变化，这样在地球上看到的月相就会发生变化。

2. 推想自然界中月相的变化

（教师朗诵，学生闭眼想象。）

师：在浩瀚的宇宙中，有一颗蔚蓝色的星球——我们的家园地球，离地球最近的邻居是月球。月球的笑脸总是面向地球，在阳光照射下，月球总是有一面被完全照亮，又由于月球围绕着地球自西向东公转，并且随着日期的推移再逐渐向东移动，这样就形成了月相的变化，使我们看到的月相有时像弯弯的小船，有时像明亮的大圆盘。

（播放月相视频，教师强调月相的成因。）

【设计意图：使学生经过"原型—模型—原型"的知识建构，将积累的感性认识变成理性认识。】

五、运用知识，解决问题

1. 判断月相

（课件出示月相，让学生判断某一月相出现的日期。）

2. 应用知识

师：有一次，柯南受理了一件案子。审讯中，被告口口声声说自己是被冤枉的，证人却一口咬定自己目睹被告犯了罪。证词是这样的：九月初八的晚上，证人站在一个草堆后面，亲眼看到被告在草堆西边20～30米处的大树旁作案，因为月光正照在被告脸上，所以他看清了作案人的面孔。分析了这段供词之后，柯南立刻宣布此案纯属诬告，证人的证词是编造的，使此案得到了公正的审判。柯南是怎样判断的呢？

（学生讨论、回答。）

3. 能力拓展

师：请大家推想在水星上看到的月相是否会出现圆缺变化。下节课我们再来解答。

**教学设计特色** >>>

1. 教学设计特色

本课属于实验课，月相成因的模拟实验是本课的核心内容，也是帮助学生建构知识的主要活动。为了体现模拟实验的特点，教师按照"从原型，到模型，再到原型"的思路来设计、安排教学内容。课前让学生进行观月活动，以此来初步感知月相原型；课上通过月相观察盒加深学生对原型的理解，并从中发现问题，提出问题，通过猜想实现由原型到模型的转化；最后通过对模型的操作、观察与思考得出实验结论，指导学生根据实验结论推想自然界中月相的成因。

2. 实验模型设计特色

本课采用的月相变化观察盒突破了用黑白球代表月球的传统，用灯光模拟阳光，用小球模拟月球，让学生通过观察孔直观地看到不同日期的月相。

教材采用科学游戏的方法，让学生进行月相成因的模拟实验。但这种方法不便于控制，也不便于学生活动。为了克服这些弱点，教学中教师制作了三球仪，用灯光模拟阳光，用两个球体分别模拟地球和月球，通过操作使学生清楚地观察到月相变化与条件之间的关系，从而认识月相的成因。

3. 思维训练设计特色

月相成因属于规律性知识，该知识建构的思维要素主要包括比较、分析、归纳、推理。

比较：在指导学生对月相变化与什么有关进行猜想时，教师向学生演示了三球仪，并出示问题，引导学生比较"月球绕着地球公转时，什么在变，什么不变"，从而形成比较合理的假设。

分析：在月相成因的分组实验中，在一定的条件下，让学生分别观察不同日期的月相。

归纳：通过各组的实验结果，让学生归纳出一般性的实验结论。

推理：根据实验结果，让学生推理自然界中的月相成因。

附：

一、板书设计

地球的近邻——月球

月相 { 规律
        成因 }

阳光始终照亮月球的一面，月球的一面始终朝向地球，月球绕地球自西向东公转，每天同一时刻与地球的相对位置在发生变化

## 二、学生记录单设计

**任务 1**：绘制月相变化图。

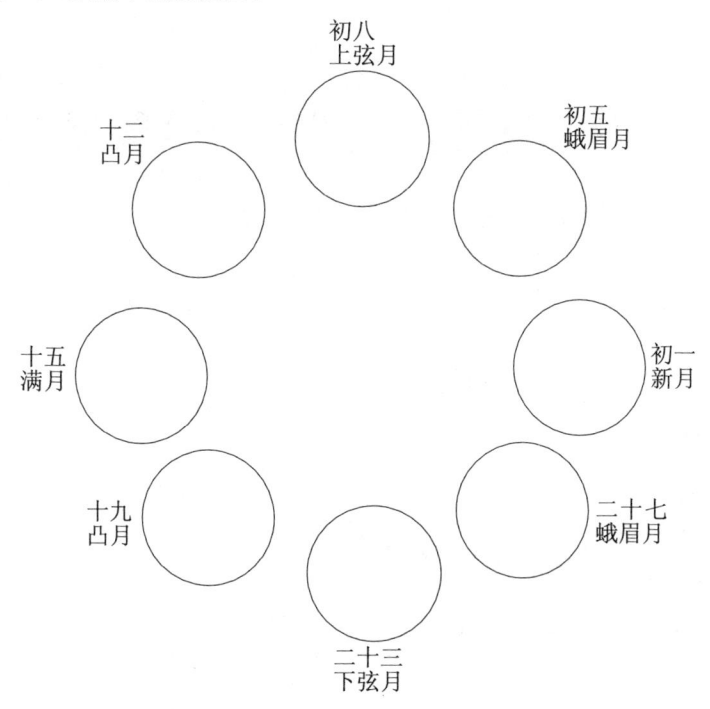

初八 上弦月

十二 凸月

初五 蛾眉月

十五 满月

初一 新月

十九 凸月

二十七 蛾眉月

二十三 下弦月

**任务 2**：我们发现的规律。

上半月：

下半月：

**任务 3**：模拟月相变化，分析月相变化和什么有关系。

## 三、教学评价设计

**学生学习自评表**

姓名：_____  时间：_____  学习内容：_____

| 评价内容 \ 评价等级 | 我是最棒的 | 表现比较满意 | 下次的表现会更好 |
| --- | --- | --- | --- |
| 我在家观察了月相 | | | |
| 我参与绘制了月相变化图 | | | |
| 我能积极猜想月相变化成因 | | | |
| 我能积极参与小组模拟实验 | | | |
| 我知道了月相变化的成因 | | | |

# 依托原有认知基础，让学生实现阶梯式发展
## ——"昼夜交替现象"教学课例

河北省泊头市泊镇学区姚安小学　韩书花

### 教育理论指导 >>>

建构主义认为，知识不是通过教师传授得到的，而是学生在一定情境的帮助下，利用必要的学习资料，通过意义建构的方式而获得的。在建构主义学习环境下，教学设计不仅要考虑教学目标，还要考虑有利于学生建构意义的情境，并把情境创设看作教学设计最重要的内容之一。

### 教材分析 >>>

本课是教科版小学科学五年级下册"地球的运动"单元的起始课。这一课不仅是为了让学生掌握昼夜交替形成的原因，更是让学生经历对昼夜交替现象建立假说和建模并尝试解释的过程，为后面的教学做好铺垫。

### 学情分析 >>>

五年级的学生通过电视、网络或书籍等，已经知道了"地球在自转并且围绕太阳公转"这一科学事实。之前学生对建模也有了一些了解，本课的建模活动学生应该能够设计出来。

### 教学目标 >>>

1. 知识与技能

（1）了解昼夜交替现象有多种可能的解释。

（2）知道昼夜交替现象与地球和太阳的相对圆周运动有关。

2. 过程与方法

(1) 提出地球产生昼夜交替现象的多种假设，并能用模拟实验进行验证。

(2) 能运用实验搜集证据。

3. 情感态度与价值观

(1) 认识到一种现象可能有多种不同的解释。

(2) 培养主动探索、积极合作的态度。

### 教学重难点 >>>

对昼夜交替现象的产生进行猜想和建模；解释地球产生昼夜交替现象的原理。

### 教学准备 >>>

教师准备：地球仪，胶带，手电筒，多媒体课件。

学生准备：学生的一寸照片。

### 教学方法 >>>

在设计中，教师充分发挥学生学习的自主性，采用讨论、分组实验、汇报展示交流等形式达到让学生自主建构知识体系的目的。

### 教学过程 >>>

一、导入

师：一年有多少天？一天又有多少小时？

生：一年有365天，一天有24小时。

师：这24个小时又可以怎么分？

生：每小时有60分钟。

师：如果只分成两部分呢？

生：可以分成白天和晚上。

师：白天可以叫作——

生：昼。

师：晚上可以称为——

生：夜。

师：每天总是白天过后是夜晚，然后再迎来第二天的白天，这种现象在科学上叫作昼夜交替，今天我们就来探索昼夜交替现象。

师：白天跟晚上最大的区别是什么？

生：白天有阳光，晚上没有。

师：你认为昼夜交替现象可能和什么有关？

生：和地球与太阳有关。

师：地球与太阳怎样运动才会产生昼夜交替现象呢？科学家在研究这个问题的过程中，提出过很多假设。今天我们也来当一回科学家，看看谁比科学家想到的还多。

二、猜想

师：既然是猜想，答案就不止一个。请大家先在小组内交流一下，每确定一种想法就用简图画出来。

（小组领记录单，画示意图，全班汇报。教师整理学生的假设。）

师：这么多观点到底哪种能反映昼夜交替的变化，又该怎样去判断呢？

【设计意图：让学生对昼夜交替现象提出自己的猜想，教师从中了解学生的初始想法，关注学生提出猜想的能力。】

三、建模

师：既然不能把太阳和地球搬到我们面前来看一看，能不能找东西来代替它们呢？

（学生谈想法。）

师：我们可以把地球仪当作地球，用手电筒代替太阳，地球仪上被手电筒照亮的部分就是昼，没被手电筒照亮的部分就是夜。实验前需要注意什么呢？

（为了确定一个观察点，将一名同学的一寸照片贴在地球仪上的中国区域。学生自由交流。）

师：在实验中要注意这几点：实验中地球仪不要转动太快，手电筒不能随便乱动；认真观察小照片处昼夜的变化；完成实验记录单并做出解释。

（学生领材料，小组合作进行实验并记录，教师巡视指导。）

【设计意图：真正的学习不仅发生在学生手中，更活跃在学生的头脑中。在探究过程中要有意识地培养学生手脑并用的习惯。】

师：各小组来汇报、展示一下你们的实验结果，好吗？

（学生上台展示、交流，师生给予评价。）

【设计意图：让学生按照"假设—实验—解释"的步骤，通过动手、动脑、动口进行探究活动，让学生真正动起来，真正体会到探究的乐趣，在探究过程中培养思维能力。】

四、小结

师：我们刚做过的这几个模拟实验，地球或太阳的运动有什么特点？

生：只要太阳绕地球或地球绕着太阳进行圆周运动，就可以产生昼夜交替现象。

五、总结

师：通过今天的学习，请你谈谈有什么收获。

（学生谈收获。）

师：对于昼夜交替这种自然现象，我们得出了多种可能的解释，但现实中昼夜交替的原因只有一种。今天没有找出唯一原因是因为我们掌握的证据还太少，我们获得的证据越多，就越可能对我们看到的现象做出更合理的解释。下节课我们将继续研究，同学们可以查阅一下相关的资料，我们再一起交流。

### 教学设计特色 >>>

在这节课的教学中，教师利用谈话、小组合作探究等方法，充分发挥学生的主动性、积极性，组织学生进行协作学习活动。导入环节，由年到天再到昼夜，简练地引出本课主题；接着通过小组交流、画日地运动简图来解释昼夜假说，营造自由、宽松的氛围，鼓励学生大胆猜测，引导学生说出原型由什么模型来代替，初步在学生头脑中树立起建模的意识；最后通过小组合作模拟实验、汇报展示，让学生体验科学探究过程的喜悦与乐趣。

本节课的内容虽然比较抽象，但该设计能照顾到学生原有的认知基础，把课堂还给了学生。教学的主要环节是让学生由猜想到建模再到解释，使学生的认知通过课堂上几个自主性的活动实现了阶梯式的发展。

附：

一、板书设计

昼夜交替现象

① 地球不动，太阳绕着地球转

② 太阳不动，地球绕着太阳转

③ 地球自转

④ 地球绕着太阳转，同时自转

## 二、学生记录单设计

### 实验记录单

班级：_____　　组别：_____　　组长：_____

| 我的猜想（简图） | 实验情况 | 能否解释昼夜交替现象 |
|---|---|---|
| 1. | | |
| 2. | | |
| 3. | | |
| 4. | | |

## 三、教学评价设计

在本次教学中，通过学习评价表的形式评价学生的表现，能让学生明确努力方向，体验小组合作交流的快乐，进一步激发探究昼夜交替现象的兴趣。

### 学生学习评价表

班级：_____　　姓名：_____

| 评价内容 | 评价人 | 做到了，太棒了！ | 还不错，我能行！ | 需要加油了！ |
|---|---|---|---|---|
| 能说出两种以上关于昼夜交替的猜想 | 组评 | | | |
| | 自评 | | | |
| 能说出模拟实验材料代表什么 | 组评 | | | |
| | 自评 | | | |
| 能认真观察记录、积极发言 | 组评 | | | |
| | 自评 | | | |
| 能与他人合作 | 组评 | | | |
| | 自评 | | | |

# 秉持生本教育理念，发挥学生主动性
## ——"人造地球卫星"教学课例

河北省承德市围场县逸夫小学　朱艳敏

### 教育理论指导 >>>

生本教育是以"一切为了学生，高度尊重学生，全面依靠学生"为宗旨的教育，在教学设计中应改变传统的教学思路，突出发挥学生的主体作用，激发学生大胆思考、积极参与，让学生通过自己的分析研究来掌握、获取相关的知识和方法。

### 教材分析 >>>

本课是冀教版小学科学六年级下册"宇宙与航天技术"单元中的内容，主要内容为认识、学习人造地球卫星和它的用途以及模拟人造地球卫星的飞行，从而让学生初步了解航天技术的杰出成就，培养他们热爱航天事业的思想感情。

### 学情分析 >>>

学生对宇宙充满兴趣，希望了解更多的航天知识。同时，通过三到五年级的学习，他们已经掌握了一些基本的科学探究方法，对一些现象能够提出科学假设，在小组合作的基础之上能够完成一些比较简单的探究实验。

### 教学目标 >>>

1. 知识与技能

能搜集人造地球卫星的资料，并按照一定的标准对人造地球卫星进行分类。

2. 过程与方法

能设计模拟实验来探究人造地球卫星的飞行原理，并用自己的话来解释相关原理。

3. 情感态度与价值观

能与同学交流并主动展示各种人造地球卫星的资料及用途。

## 教学重难点

用模拟实验来研究卫星的运动规律；指导学生查阅资料，获得关于卫星用途方面的知识。

## 教学准备

教师准备：多媒体课件，棉线，乒乓球。

学生准备：独自完成课前小研究问题卡，搜集人造地球卫星的相关知识。

## 教学方法

在课上尽量为学生提供观察、思考、操作、尝试、合作、展示的机会，使学生体会成功的喜悦，真正成为课堂的主人。

## 教学过程

一、创设情境，导入新课

师：今天我们来观看一段视频，边看边思考，看完说说你有什么体会。

（播放第十六颗北斗导航卫星发射的新闻片段。）

生：感觉很有意思，我也很想去太空看看。

生：真想像人造地球卫星那样遨游太空。

师：这节课我们就共同来探索有关人造地球卫星方面的知识。

【设计意图：从直观的视觉上给学生一种震撼，直接引出课题。】

二、展示交流

1. 资料交流

师：课前同学们结合自己的课前小研究问题卡对有关人造地球卫星的知识进行了搜集。下面我们以小组为单位整理一下你们搜集到的资料。

（组内交流，整理资料。）

师：我相信每个小组都有很多收获，看哪个小组搜集到的资料最好。

（学生以小组为单位，选择自己喜欢的方式展示搜集到的资料，教师适时给予评价。)

师：同学们搜集的资料非常丰富。老师忍不住了，也要跟大家分享一则资料，可以吗？

(课件出示：世界上最早发射人造地球卫星的国家是苏联，这颗卫星的发射震惊了全世界，同时揭开了人类向太空进军的序幕。到现在为止，人类共发射了5000多颗人造地球卫星。)

2. 人造地球卫星分类

师：通过刚才的交流，我们认识了特别多的人造地球卫星，下面我们把这些卫星分分类吧！

(学生分类并汇报。)

师：通过刚才的交流，你得到了什么启示？

生：卫星的功能很多，卫星的存在让我们的生活变得丰富多彩。

师：卫星对于一个国家的发展真的非常重要。要想使我国成为一个大国、强国，就需要促使卫星事业不断进步。

生：截止到2013年，我国已成功发射了近百颗国产卫星和六艘载人航天飞船，咱们中国真了不起。

师：是啊，咱们中国也是一个航天大国了。将来你们长大了，要努力创新，为我们的航天事业增添新的力量。

【设计意图：让学生感受到卫星的重要性，同时体会到我们祖国的伟大。】

三、模拟实验

1. 提出猜想

师：同学们对人造地球卫星的知识知道得可真多。那么，为什么人造地球卫星绕地球飞行而不会掉下来？

生：是科学家的作用。

生：是地球引力的作用。

生：是遥控的作用。

师：同学们做出了大胆的猜想，非常精彩！要想知道谁的猜想正确，该怎么办？

生：做实验。

2. 设计实验

师：今天我们要用模拟实验来验证人造地球卫星绕地球飞行而不会掉下来的原理。

(学生以小组为单位，设计实验方案。)

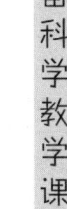

师：棉线、乒乓球分别模拟什么？

生：棉线模拟地球引力，乒乓球模拟人造地球卫星。

3. 进行实验

（学生分组实验，填写实验记录单，全班汇报实验结论。）

师：出现了不一样的结论，不要紧，我们再次实验，让实验来说明问题。

（学生再次分组实验，解答结论中出现的不一致问题。）

【设计意图：培养学生用科学方法解决问题的习惯。】

四、课后延伸

师：今天我们还要认识一种特殊的卫星。

（课件出示图片。）

师：这是什么卫星？

生：是地球同步卫星。

师：根据名字，你觉得它有什么特点？

生：它转动的速度和地球转动的速度一样。

师：从地球上看，它是静止的还是运动的？

生：静止的。

师：它真的是静止不动的吗？

生：它相对于地球来说是静止不动的，如果相对于火星来说，它又是运动的。这是因为参照物不同。

师：试着用以前学过的相对运动的原理，设计一个模拟实验解释自己的结论。老师已经准备好了这个模拟实验的材料，课后请同学们到老师这里来领取，看看哪一组设计得最完美、最有创意。

【设计意图：把学生探究的问题引向深入，并把下节课的前置研究自然而然地引了出来。】

## 教学设计特色 >>>

教师采用生本教育的理念，精心设计了课前小研究问题卡，由学生在课前广泛地搜集有关人造地球卫星的资料，课上再以小组为单位进行资料展示。这样，学生经过充分准备，才能有真正的收获，真正体现了学习主体地位。

在实验前，根据问题，学生以小组为单位设计实验方案，使所有学生都动了起来。在学生汇报完实验结论后，教师激励学生进一步质疑，这是可贵的生成性资源，能够激起新的智慧火花，使课堂精彩纷呈，高潮迭起。

附：

## 一、板书设计

人造地球卫星

1. 多功能的卫星　　　　　2. 模拟实验

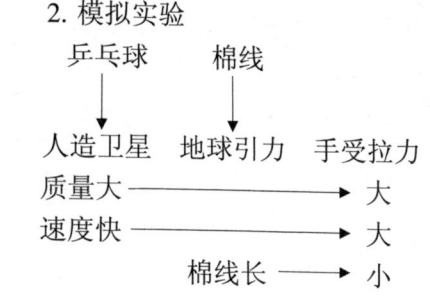

   实验　　　　　　　乒乓球　　棉线

   通信　　　　　　　　↓　　　　↓

   导航　　　　　　人造卫星　地球引力　手受拉力

   ……　　　　　　质量大 ─────→ 大

         速度快 ─────→ 大

           棉线长 ───→ 小

## 二、学生记录单设计

**实验记录单**

六年级_____班　第_____小组

| 乒乓球（相当于_____） | 手感受到的力 |
|---|---|
| 1. 当乒乓球做圆周运动时 | 手感受到了向_____的拉力 |
| 2. 改变乒乓球质量，质量越大 | 手感受到的力越_____ |
| 3. 改变乒乓球转动的速度，速度越快 | 手感受到的力越_____ |
| 4. 改变棉线的长度，棉线越长 | 手感受到的力越_____ |
| 如果没有绳子，乒乓球将（会，不会）_____做圆周运动。 ||

## 三、课前小研究问题卡设计

1. 坐在家里的电视机前观看一场巴西举行的足球比赛实况转播，电视信号是如何从遥远的巴西传过来的？

2. _____年10月4日，_____（国）制造发射了人类历史上第一颗人造卫星。

3. _____年4月24日，我国"长征一号"运载火箭把我国第一颗人造卫星"东方红一号"送入太空。中国是继苏联、美国、法国、日本之后世界上第_____个用自制火箭发射国产卫星的国家。

4. 到1998年底，我国已经有_____颗国产人造地球卫星在天上遨游。

5. 你还搜集到了哪些人造卫星的相关资料？

6. 试将人造地球卫星按自己的标准进行简单分类。

**四、教学评价设计**

**学生学习自评表**

| 我学到了什么 | |
|---|---|
| 我对自己最满意的地方 | |
| 我感觉小组内谁的表现最好 | |
| 班内谁的表现最好 | |
| 以后我要注意的是什么 | |
| 我来评老师 | |

# 地球科学教学课例篇

# 运用多种教学方法，促进学生主动建构
## ——"沙洲的形成"教学课例

河北省邢台市宁晋县教育科学研究所　温　宁

### 教育理论指导 >>>

小学科学课程标准指出，小学科学是一门应用学科，它积极倡导让学生亲身经历以探究为主的学习活动，培养他们的好奇心和求知欲，使他们学会探究解决问题的策略，并乐于与人合作，与环境和谐相处。小学科学教育以培养学生的科学素养为宗旨，强调以丰富多彩的活动为主要教学形式，这些活动应当是学生熟悉的、能直接引起他们的学习兴趣的、精心选择和设计的、具有典型科学教育意义的。

### 教材分析 >>>

本课是冀教版小学科学五年级下册"地表缓慢变化"单元中的内容。在本单元的学习过程中，学生在已有知识的基础上，探究影响地表形状改变的诸多外力因素，认识地表变化是各种力量作用的结果，是一个不断进行、永不停息的复杂过程。

### 学情分析 >>>

五年级的学生已掌握了一定的科学知识和学习方法，并具备了初步的科学思维能力和探索、解决简单实际问题的能力。大多数学生对沙洲并不熟悉，因此在探究活动开始前应尽量让学生对沙洲有一定的感性认识。

### 教学目标

1. 知识与技能

能通过对河流中沙洲实景图和示意图的观察，提出是水的力量把上游的石子和沙搬到下游的假设。

2. 过程与方法

（1）能用模拟实验的结果解释洪水对河流中沙洲的形成所起的作用。

（2）能用模拟实验证明水对土壤、沙有冲刷和搬运作用。

3. 情感态度与价值观

（1）体验大自然的力量，认识到地表变化是一个不断进行的过程。

（2）能够清楚地描述、表达自己的观点，愿意倾听别人的意见，乐于与他人合作、交流。

### 教学重难点

用模拟实验对河流中沙洲的成因进行探究；用模拟实验的结果解释洪水对河流中沙洲的形成所起的作用。

### 教学准备

教师准备：多媒体课件，喷壶，掺杂石子的沙土，管道（模拟河道）。

学生准备：查阅相关资料。

### 教学方法

本课旨在引导学生通过模拟实验探究水对地表形态变化的作用，即指导学生通过观察、想象、假设、设计并完成模拟实验，初步认识流水的冲刷、搬运作用对沙洲形成所起的作用，激发学生探索地表变化奥秘的兴趣，使学生意识到保护地表的重要性。

### 教学过程

一、创设情境，提出问题

师：同学们知道沙洲是什么样的吗？

（学生描述沙洲的样子，课件出示沙洲图片。）

师：你们已经认识了沙洲，现在仔细观察，说一说沙洲形成的地理位置。

（课件出示几组特殊的沙洲图片，学生讨论。）

生：沙洲形成的三个地理位置是河流拐弯处，河海交汇处，河道由窄变宽处。

【设计意图：立足学生的已有基础，寻找知识与经验的联系，创设导入情境。通过展示图片让学生对沙洲的地貌有一定的感性认识，一方面可以使学生认识沙洲的外部形态，另一方面可以使学生感受到地表形态的多样性，激发学生探索地表变化奥秘的兴趣。】

二、观察思考，猜想假设

师：请大家观察示意图，结合教材中的提示，猜想沙洲是怎样形成的，并将猜想记录下来。

（课件出示示意图，学生思考、讨论。）

【设计意图：猜想与假设不是盲目的、无目的的猜测，而是科学的预测、有计划的研究。有了猜想与假设便有了有计划、有目的实验和观察。因此，此处的猜想在发展学生思维的同时对后面的实验起到了先导作用。】

三、动手探究，验证假设

1. 设计实验

（学生认识实验材料，思考、讨论模拟实验的做法以及所模拟的对象。）

师：想一想管道、喷壶中的水和水量分别模拟现实中的什么。

生：分别模拟河流的环境、地势，雨水和雨水量。

（分小组设计实验。）

2. 动手探究

（课件出示实验注意事项，要求实验的同时做好记录。）

师：进行实验时，一定要将喷水前的景象画下来，以便和实验后的景象进行比较。

（学生自由选择材料进行分组实验。）

【设计意图：通过模拟实验，引导学生理解流水的搬运、冲刷作用。】

四、表达交流，归纳总结

师：通过实验，大家发现喷水前后发生了哪些变化？沙土、大小不同的石子的位置发生了哪些变化？

（小组汇报实验现象及结果。）

师：沙洲是由于流水的冲刷和搬运作用携带了大量泥沙，当流到河流开阔处时，由于流速变化导致泥沙沉积而逐渐形成的。

师：请同学们谈谈洪水的危害，想想连续一周的大暴雨会使地表发生什么变化。

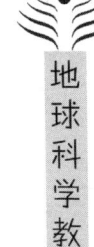

（学生自由谈论。）

【设计意图：当学生有了模拟实验的感性体验后，再引导他们将模拟实验现象与真实的自然现象联系起来，形成有关沙洲形成的解释，据此进一步做出连续一周的大暴雨会使地表发生什么变化的预测，让学生充分感受流水的搬运、冲刷作用，同时意识到保护地表的重要性。】

五、拓展延伸，运用提升

（播放崇明岛形成的视频，学生观看。）

【设计意图：使学生通过视频对沙洲的形成、变化有一个综合的认识，进一步增强学生探索地表变化奥秘的兴趣。】

### 教学设计特色 >>>

第一，真实的探究材料使学生的探究更具事实性。在这节课开始，对学生来说沙洲是一个陌生的话题，通过展示大量的沙洲图片，引发了学生探讨的兴趣，为接下来的观察做好了充分的准备。接着学生通过观察发现了河流中沙洲所在地的特点，对沙洲的地形地貌有了感性的认识。模拟实验是本课教学的重点，由于课本上的实验实际操作后现象并不明显，因此，在本次教学中做了改动，改用喷壶，实验中学生通过喷壶的喷洒，使得沙石被搬运，在拐弯处或河道变宽处形成了沙洲，沙洲是如何形成的这一问题迎刃而解，实现了创造性地使用教材。

第二，学生的学习是主动建构的过程，而不是简单的知识传授。教学中，若是一味地讲解、传授枯燥的科学知识，学生不仅不会感兴趣，而且只能被动、机械地记忆，对知识便难以理解与运用。因此本课通过形象生动的画面、小组合作的动手实验，使学生运用观察、假设、分析、讨论等多种探究方法，获取了科学知识，体验了学习科学的乐趣。

附：

一、板书设计

```
                    沙洲的形成
                ┌ 河道拐弯处  ┐
    水的冲刷、搬运 ┤ 河海交汇处  ├ 水流变缓→形成沙洲
                └ 河道由窄变宽处┘
```

## 二、学生记录单设计

**实验记录单**

第_____小组

| 猜测沙洲形成的原因 | | |
|---|---|---|
| 实验操作步骤 | 1.<br>2.<br>3.<br>…… | |
| 实验现象 | 喷水前的景象（文字或画图） | |
| | 喷水后的景象（文字或画图） | |
| 实验结论 | | |

## 三、教学评价设计

教学评价主要是结合本节课的教学内容，在关注本单元的学习主题的同时，利用学生学习评价表实现多角度的评价。评价以鼓励为主，旨在调动学生关注自己学习进程的积极性，达成本课的教学目标。本学习评价表包括评价内容、评价要求、评价结果、我的收获四个模块，其中评价内容包括活动态度、过程体验和方法技能三个方面，使学生在进行自我评价的过程中将标准细化，从而发现自己的长处，养成良好的学习习惯，及时发现自己的不足，在以后的学习中进行改进。

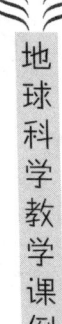

学生学习评价表

| 评价内容 | 评价要求 | 评价结果 自我评价 | 评价结果 同学评价 | 评价结果 教师评价 | 我的收获 |
|---|---|---|---|---|---|
| 活动态度 | 善于思考，回答问题积极 | | | | |
| 活动态度 | 计划周密、详细，步骤有条理 | | | | |
| 活动态度 | 认真倾听他人的意见和建议，及时完成自己的任务 | | | | |
| 过程体验 | 协作意识强，小组展示时积极配合、全员参与、有条不紊 | | | | |
| 过程体验 | 体会到地表变化是一个不断进行、永不停息的复杂过程 | | | | |
| 过程体验 | 体验学习科学的快乐，保持学习科学的兴趣 | | | | |
| 方法技能 | 通过观察、实验等多种方法对沙洲的成因进行探究 | | | | |
| 方法技能 | 记录完整、规范，能用自己擅长的方式表达探究的结果 | | | | |
| 方法技能 | 能合理归纳、分析、判断实验现象及结论 | | | | |

# 以探究为核心，培养操作能力

## ——"水能溶解一些物质"教学课例

河北省廊坊市华北油田一处小学　赵书华

### 教育理论指导 >>>

1. 维果茨基的概念发展体系理论

（1）混合思维阶段：混合思维是对大量事实进行的一种研究性观察。由于环境和条件的差异，学生对生活中的事实和现象形成了自己的观念和理解，有些是正确的，有些是模糊的，有些是错误的。

（2）复合思维阶段：复合思维也是基于感觉的，但是它基于感知到的外在的相似之处。科学课中，教师提供有结构的材料揭示事物或现象的外在、内在、功能等特性，可以帮助学生沿混合思维向复合思维前进。

（3）前概念思维阶段：这个阶段是连接复合思维和真正概念思维的桥梁。学生开始使用抽象的词汇时，便产生了新的思想，他们逐渐地、不知不觉地完成了向完全抽象思维的转化。

2. 兰·本达的探究-研讨教学法

让一个孩子去自由探究有结构的材料，让他和同伴们在研讨中交流想法，自己发现事实，找出重要的关系，并讲清楚这些发现。

3. 建构主义理论

以学生为中心，强调学生对知识的主动探索、主动发现和对所学知识意义的主动建构。

### 教材分析 >>>

本课是教科版四年级上册的内容，是有关"水"的一课。这一课是"溶解"单元的起始课，主要是让学生初步感知溶解，认识溶解这一概念。这一课的学习为后面学生研究水是怎样溶解物质的以及不同物质在水中的溶解能力等知识提供了感性和理性的基础。

### 学情分析

四年级的学生对溶解是有一定认识的，比如，糖或盐放在水里，就会慢慢溶化。类似这样的现象学生都见过，甚至亲手做过。部分学生也听说过"溶解"一词，甚至已经在生活中使用过它，只是不能准确地说出究竟什么是溶解，也不能准确判断物质是否发生了溶解。

### 教学目标

1. 知识与技能

（1）知道一些物质可以溶解在水中，一些物质不能溶解在水中。

（2）知道不能用过滤的方法把溶解了的物质从水中分离出来。

2. 过程与方法

（1）观察和描述几种固体物质在水中的溶解和不溶解的现象。

（2）使用过滤装置分离几种固体与水的混合物。

3. 情感态度与价值观

（1）体验研究溶解与不溶解现象的乐趣，激发进一步探究溶解问题的兴趣。

（2）严格按规范利用溶解装置进行实验。

### 教学重难点

观察、比较、描述食盐、沙子和面粉三种物质在水中的溶解情况；比较食盐、沙子、面粉三种物质在水中的变化有哪些异同。

### 教学准备

教师准备：干净可饮用的糖水和盐水，烧杯及半杯清水，食盐，沙子，玻璃棒，面粉，过滤装置，多媒体课件。

学生准备：查阅相关资料。

分组实验材料：大烧杯，食盐，淘洗干净的沙子（用纸包好），玻璃棒，过滤装置。

### 教学方法 >>>

本课的操作性很强，采用实验演示、讨论、自主探究、示范指导和适当讲解相结合的方法进行教学。

### 教学过程 >>>

一、导入新课

师：（端起一杯水）老师现在有点口渴，需要喝口水。（喝水）哈，挺解渴。水是地球上最重要的物质资源之一，我们一天都离不开水。同学们也想喝水吗？

（学生十分感兴趣。）

师：（指着糖水和盐水）你们猜它们会是什么？

（学生上台品尝并说感受。）

【设计意图：以学生品尝水的味道拉开本节课的序幕，创设学习的情境，调动学生好奇、爱动、爱思考的特点，使学生很快投入学习中来。】

师：水怎么变甜、变咸了呢？为什么会这样呢？请猜猜理由。

生：里面放了糖和盐。

师：那为什么看不见糖和盐呢？

生：化了。

师："化了"我们可以称之为"溶解"。我们今天就一起来研究关于溶解的科学知识。

二、学习新课

1. 观察和比较食盐、沙子在水里的变化

师：刚才我们都说盐溶解了，那你们想知道盐是怎样溶解的吗？谁来猜测一下？

（学生猜测。）

【设计意图：实验前让学生结合已有的知识和生活经验畅所欲言，能调动课堂的气氛。】

师：还是让我们用实验来证明吧！

（课件出示实验步骤、实验注意事项。）

师：我们能通过哪些现象判断食盐在水中溶解了？通过哪些现象判断沙子在水中没有溶解？

（学生分组实验、观察、比较并记录，教师强调实验注意事项，巡视指导。）

师：食盐和沙子在水中的变化是怎样的？

生：食盐在水中溶解了，沙子在水中没有溶解。

师：大家说说什么是溶解。

（学生试着归纳。）

师：像食盐这样在水中能化成肉眼看不见的极小极小的微粒并均匀持久地分布在水中的现象叫作溶解。

2. 观察和比较面粉、食盐和沙子在水里的变化

师：通过刚才的观察和比较，同学们知道了像食盐这样放在水里经过搅拌看不见了，就是溶解了。像沙子那样在水里经过搅拌还能看见颗粒的就是没有溶解。那么面粉在水里又会怎样呢？猜猜看。

（学生猜测、思考，表达自己的想法。）

师：好，同学们的猜测可真多。现在老师来为大家演示一下。

（教师演示：取一小匙面粉，放入一个盛有清水的烧杯里，静静观察一会儿，看看面粉在水中的变化，再用玻璃棒轻轻搅拌，观察面粉在水中的变化。）

师：面粉在水中的变化是怎样的？是否产生沉淀？它是更接近食盐还是更接近沙子呢？

（学生讨论。）

师：面粉在水中溶解了吗？你们有更好的办法证明吗？

【设计意图：在探究过程中让学生动手、动脑，自己发现问题，激发学生解决问题的意愿。】

（学生回答。如果学生想不出用过滤的方法来证明，教师就给学生一个提示，从而引出过滤实验。）

师：看，这就是过滤装置。

（学生观察实验装置图，说说实验器材的名称及各种器材的作用。）

师：我先教大家折叠滤纸的方法。

（教师演示，学生组装过滤装置，组装完成后讨论实验注意事项。）

师：实验的注意事项有三点，即一贴、二低、三靠。

（课件出示具体注意事项。）

师：同学们一定要按规范操作。

（学生实验并记录，教师个别指导。）

师：通过实验，你发现了什么？

学：滤纸上留下了面粉和沙子的颗粒，却没有留下食盐颗粒。

师：通过过滤的方法，我们知道在水中溶解的物质不会和水分离开来，在水中不能溶解的物质会和水分离开来。

（播放视频《水能溶解一些物质》。）

三、巩固应用

（课件出示葱花鸡蛋汤的图片。）

师：食盐、味精、香葱、鸡蛋、淀粉能否被水溶解？

（学生回答。）

师：通过今天的实验探究，你学到了什么？

（学生汇报。）

【设计意图：让学生学会归纳整理，提高梳理知识的能力。】

四、课外作业

师：调查身边的物质，哪些能溶解在水中，哪些不能。

【设计意图：课外作业能让学生体会到生活中处处有科学，科学就在身边，同时认识到溶解的重要性。】

### 教学设计特色 >>>

本课教学设计力求体现学生的自主探究、自主发现。

在教学中，让学生亲自做实验，并在实验中通过观察、比较，理解溶解的相关知识，同时鼓励学生大胆猜测，勇于表达自己的想法，再通过实验验证自己的猜想，让他们经历"提出问题—大胆猜测—实验验证—得出结论"的过程。面粉在水中的情况不同于食盐和沙子在水中的情况，采用演示实验的方法进行教学，既能达到较好的效果，还可节省较多的时间用于后面过滤实验的操作与指导。演示实验后学生有可能出现争议，这时，可以很自然地引出"过滤"，之后再指导学生运用过滤的方法来判断物质在水中是否溶解，使整节课连贯且不断递进。在整个教学过程中，学生在探究中发现，在探究中感悟，锻炼了实验操作能力、观察描述能力和概括归纳能力，较好地实现了小学科学课程的培养目标。

附：

## 一、板书设计

水能溶解一些物质

食盐——溶解　　　　不能过滤出来

沙子——不溶解

面粉——不溶解　　　　能过滤出来

## 二、学生记录单设计

食盐和沙子能否被水溶解观察比较实验记录单

小组名称：_____　记录员：_____　____年___月___日

| 物质 | 放入水中之前的状态 | 刚放入水中时的状态 | 搅拌后的状态 |
|---|---|---|---|
| 食盐 | | | |
| 沙子 | | | |
| 我们的发现 | | | |

食盐、沙子、面粉过滤观察比较实验记录单

小组名称：_____　记录员：_____　____年___月___日

| 物质 | 滤纸上有什么 | 能否用过滤方法分离 |
|---|---|---|
| 食盐 | | |
| 沙子 | | |
| 面粉 | | |
| 我们的发现 | | |

## 三、教学评价设计

本节课的评价以学生在描述过程中表现出来的进步为主要评价内容，以即时评价为主要评价方法。

学生学习评价表

| 评价内容 | 好 | 较好 | 一般 |
|---|---|---|---|
| 勤于思考，积极提问 | | | |
| 提出假设，并设计实验加以验证 | | | |
| 按要求认真进行实验 | | | |
| 仔细观察，细致记录观察结果 | | | |

（续表）

| 评价内容 | 好 | 较好 | 一般 |
|---|---|---|---|
| 小组合作意识强，积极参与 | | | |
| 积极地与同学交流心得，相互评价 | | | |
| 正确理解和掌握所学知识 | | | |
| 乐于将学到的知识用于实际生活 | | | |
| 小组评语 | | | |
| 教师评语 | | | |

# 以实验为主体，促进学生主动探索
## ——"溶洞里的钟乳石"教学课例

河北省定州市瘟庙街小学　张军红

### 教育理论指导 >>>

小学科学课程是以培养学生科学素养为宗旨的科学启蒙课程。科学探究是科学学习的中心环节，亲身经历以探究为主的学习活动是学生学习科学的主要途径，因而，在本课的教学中，教师始终坚持让学生在探究中发现问题，引导学生经历"猜想成因—设计实验—验证猜想—得出结论"的探究过程，同时在教学中激发学生自主探索的兴趣，培养学生尊重客观世界、欣赏自然美的科学精神和科学态度。

### 教材分析 >>>

本课是冀教版小学科学五年级下册"地表缓慢变化"单元中的内容。本单元主要在学生已有知识的基础上，探究影响地表形状改变的诸多外力因素。就本课来说，学生主要是通过对钟乳石形成原因的猜测和模拟实验等探究活动，初步认识流水的侵蚀作用对地表变化的影响。

### 学情分析 >>>

五年级的学生已经经过了两年科学课程的学习，从知识体系和学习能力体系上来看，他们已掌握了一定的科学知识和学习方法，具备了初步的思维能力和探索、解决简单问题的能力。另外，他们对大自然的变化也非常感兴趣。但学生的实际操作能力和对科学活动的分析能力仍然较薄弱。

## 教学目标

1. 知识与技能

能用自己的话解释钟乳石、石笋、石柱的成因。

2. 过程与方法

（1）能通过观察钟乳石的图片提出关于钟乳石的各种假设。

（2）能设计模拟实验验证自己的假设。

3. 情感态度与价值观

（1）能用文字语言赞美钟乳石构成的千奇百怪的景象。

（2）能与其他同学交流自己的观点。

## 教学重难点

通过对钟乳石形成原因的猜想和模拟实验等探究活动，初步认识流水的侵蚀作用对地表变化的影响。

## 教学准备

教师准备：石灰石，稀盐酸，滴管，盘子，钟乳石实物，钟乳石的图片、视频资料，多媒体课件。

学生准备：查阅相关资料。

分组实验材料：烧杯，玻璃瓶，碟子，曲别针，棉纱，苏打晶体，蒸馏水。

## 教学方法

本课采取猜测—实验—分析探究法进行教学。

## 教学过程

一、谈话激趣，导入新课

师：今天这节课，老师为大家准备了一件神奇的礼物，你们想看看它吗？

生：想！

（教师出示钟乳石实物。）

师：这是什么？你们认识吗？

生：钟乳石，我在旅游时见过。

师：今天老师就带领大家一起去美丽的桂林，探索溶洞里的钟乳石。

【设计意图："趣"是学生学习和探究的动力，神秘的谈话导入极大地调动了学生的学习兴趣，为下面的教学活动做好了铺垫。】

二、探究活动

1. 引导猜测

（1）引出问题

（课件出示钟乳石图片。）

师：这些钟乳石太漂亮了，好像把我们带入了人间仙境。那么，关于这些漂亮的钟乳石，你想知道什么知识呢？

（学生提出问题，教师摘要板书。）

师：我们今天主要想解决的问题是钟乳石是怎样形成的。

【设计意图：美丽的风景使学生自然而然地产生提问的冲动。学生处于"有疑"的状态，就会对"解疑"充满渴望。】

（2）引导猜想

师：钟乳石主要是在什么样的环境中形成的？钟乳石是靠什么力量形成的？钟乳石在短时间里能形成吗？

（学生自己做出假设，在小组内讨论并记录自己的猜测内容，各小组之间交流发言。）

【设计意图：猜想是科学探究学习中的方法和桥梁，是学生接触到问题后，在已有知识经验的基础上，结合对客观事实的认识做出的假定。引导学生进行猜想可以培养学生的想象力和创造性思维，而交流猜想可以让学生互相启发，补充和完善自己的假设，为后面的实验探究打下基础。】

2. 实验探究

（1）稀盐酸与石灰石的反应实验

师：我们首先做一做稀盐酸与石灰石的反应实验，以此推测钟乳石是怎样形成的。

（教师讲解实验方法，学生分组实验。）

师：请大家说一说石灰石的变化与钟乳石的形成有什么关系。

（学生讨论、交流，教师小结、板书。）

【设计意图：实验是学生验证猜想的重要手段。此实验的设计通过模拟钟乳石的形成环境和形成原因，让学生在学习中经历观察现象、搜集信息、推想结论的思维过程。】

（2）自制钟乳石

（多媒体展示自制钟乳石的实验步骤、现象。）

师：这是老师一周之前自制的钟乳石，请同学们欣赏一下。你们回家也可以按照课件上出示的步骤自制一块美丽的钟乳石。

【设计意图：自制钟乳石的实验不能在课堂上完成，用多媒体记录实验过程，突破了时间的限制，使学生的进一步学习成为可能，既加深了学生对钟乳石成因的理解，又为课下学生自制钟乳石进行了指导。】

3. 验证推断

师：请同学们观看视频，验证自己的猜测。

（播放视频《石柱、石笋的形成》。）

【设计意图：通过观看视频，既可以让学生对自己的猜测进行验证，又可以对学生未想到的其他因素进行补充，是对学生认知的完善。】

三、课堂小结，拓展延伸

师：今天我们一起探索了钟乳石的成因，我想大家都有一定的收获。谁愿意把自己的收获说出来，让大家也感受一下你收获的喜悦？

（学生谈收获。）

师：请大家在课下搜集相关知识，了解更多关于钟乳石的奥秘。

【设计意图：课下拓展是课上探究的延续，既可以巩固学生所学知识，又可以使学生的探究兴趣和探究能力得以持续发展，从而进一步培养学生的科学素养。】

## 教学设计特色 >>>

一堂课的精彩在于学生学得精彩。以实验为主体是本课教学的一大亮点，在教学中，教师通过为学生创设自主、合作、探究的教学氛围，有机地将教师的指导、帮助、促进功能与学生的主动探索、自主协作功能结合起来，取得了较好的教学效果。另外，由于自制钟乳石的实验不是短时间内可以完成的，而运用多媒体手段展示这一过程，突破了时间和空间的限制，有助于学生对知识的理解和掌握。

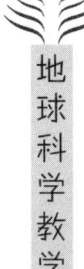

附：

一、板书设计

　　　　　　　　溶洞里的钟乳石
　　　　　　形成环境　　温暖多雨的石灰岩地区
　　　　　　形成力量　　自然力量
　　　　　　形成原因　　溶解　沉积

二、学生记录单设计

**实验记录单**

课题名称：_____　　记录人：_____　　时间：_____

| 一、关于钟乳石，我想知道 |
| --- |
| 1.<br>2.<br>3. |
| 二、我猜测钟乳石是这样形成的 |
| 1. 形成的环境：<br>2. 形成的原因：<br>3. 形成时间的长短： |
| 三、通过实验，我认为，钟乳石是这样形成的 |
|  |
| 四、我的理由 |
|  |
| 五、关于钟乳石，我还想知道 |
| 1.<br>2.<br>3. |

## 三、教学评价设计

### 学生学习评价表

| 评价内容 | 评价体系 主要目标 | 学生自评 优秀 | 学生自评 良好 | 学生自评 合格 | 小组成员互评 优秀 | 小组成员互评 良好 | 小组成员互评 合格 | 教师评价 优秀 | 教师评价 良好 | 教师评价 合格 |
|---|---|---|---|---|---|---|---|---|---|---|
| 知识与技能 | 1. 知道了钟乳石是怎样形成的 | | | | | | | | | |
| | 2. 掌握了基本的实验研究方法 | | | | | | | | | |
| | 3. 善于分析、交流、总结 | | | | | | | | | |
| | 4. 理解透彻、掌握准确 | | | | | | | | | |
| 过程与方法 | 1. 自主参与,全面观察 | | | | | | | | | |
| | 2. 操作规范、科学、严谨 | | | | | | | | | |
| | 3. 搜集、整理的信息完整,有价值 | | | | | | | | | |
| | 4. 思维活跃,积极发言 | | | | | | | | | |
| | 5. 有新的发现与思考 | | | | | | | | | |
| | 6. 尝试设计新的实验方法 | | | | | | | | | |
| 情感态度与价值观 | 1. 积极参与实验研究的分析,踊跃发言 | | | | | | | | | |
| | 2. 乐于与同伴合作 | | | | | | | | | |
| | 3. 鼓励、督促其他成员参与 | | | | | | | | | |
| | 4. 课前准备充分 | | | | | | | | | |
| | 5. 课后反思与延续 | | | | | | | | | |
| | 6. 对小组做出贡献 | | | | | | | | | |

# 掌握自主学习方法，促进迁移能力生成
## ——"人类改变地表"教学课例

河北省辛集市辛集镇第十小学　孙　科

### 教育理论指导 >>>

科学课程的教学设计要依据小学科学课程标准的基本理念：科学课程要面向全体学生；学生是科学学习的主体；科学学习要以探究为核心；科学课程的内容要满足社会和学生双方面的需要；科学课程应具有开放性；科学课程的评价应能促进科学素养的形成与发展。

### 教材分析 >>>

本课是冀教版小学科学五年级下册"地表缓慢变化"单元中的内容，是对"山脉的变化""沙洲的形成""溶洞里的钟乳石"等前面几节课的总结。学生通过本单元前几课及上学期相关内容的学习，对于改变地表的各种自然力量已有所了解，在此基础上，本课将帮助学生梳理和提升所学的知识和概念，引导学生进一步研究除自然力量以外的人类活动给地表带来的影响。

### 学情分析 >>>

五年级的学生已经有了一定的搜集资料的能力，但是往往只能搜集到一些文字方面的资料，这些文字资料的专业性强，有的学生并不能真正理解，而且太多的文字概述也提不起学生阅读的兴趣。所以教师在课前搜集了一些图片和视频资料，课上结合学生自己搜集的文字资料达成资源共享，弥补文字资料的缺陷。

**教学目标**

1. 知识与技能

能有根据地举例说明人类哪些改造地表的活动对人类自身是有利的，哪些是不利的。

2. 过程与方法

（1）能通过观察和调查发现人类的哪些活动起到了改变地表的作用。

（2）能将人类各种改造地表的活动进行分类。

（3）能整理辩论或研究的结果。

3. 情感态度与价值观

（1）能从正反两方面看待人类改造地表的活动。

（2）能客观公正地评价与自己持不同看法的同学的观点。

（3）敢于发表自己的观点，不怕被别人否定。

**教学重难点**

通过搜集和整理资料、召开辩论会等方式来探究人类活动对地表的影响。

**教学准备**

教师准备：相关图片、文字、视频资料，多媒体课件。

学生准备：查阅相关资料。

**教学方法**

本课教学要体现科学学科的开放性、活动性特征，以学生的主题活动为中心，建构合作探究的课堂，让学生在欣赏、思考、讨论中积极开展探究活动。

**教学过程**

一、质疑导入

师：你知道地表是什么吗？

（学生大胆发言，说出自己的见解。）

师：地表是指地球的表面，即地壳的最外层。地表可以分为陆地和海洋两大单元，并且由此分化产生了两种截然不同的自然环境。

二、探究学习

师：我们人类都生活在一个共同的家园——美丽的地球上。在它的表面，有雄伟的高山，辽阔的平原，纵横的沟壑……

（课件展示各种地表的图片，学生欣赏。）

【设计意图：让学生带着对自然景观美的享受开始本节课的探究活动。】

1. 自然力量改变地表

师：这一处处自然景观实在是太美了，但是地球表面的山川、河流等自然景观并不是一成不变的。现在请同学们联系前几课的知识想一想，哪些自然力量可能引起地球表面的变化呢？

（课件展示"世界屋脊"、蘑菇石、钟乳石等图片，学生讨论、汇报。）

师：地表变化的主要原因是什么？通过刚才的探究交流，你能举出一些引起地表变化的因素吗？

（学生讨论、汇报。）

【设计意图：让学生明确引起地表缓慢变化的自然力量除流水、风、海浪和冰川外，还有温度、生物等的影响，引导学生逐渐发现某种地表形态的改变往往是多种自然力量共同作用的结果。】

2. 人类活动改变地表

师：这些自然力量都可以使地球表面发生变化，但地表的变化往往是在多种因素的共同作用下发生的。那么，除了这些自然力量之外，还有哪些因素可以引起地表的变化呢？

（教师展示搜集到的图片、文字等资料，引导学生在自主学习的基础上，先小组内讨论，再全班交流。）

师：人是有生命、会思考、能活动的动物。为了生活，人类在地球上进行了哪些活动？

（学生讨论、汇报。）

师：人类的这些活动会对地球的表面造成什么影响？哪些是有利的一面？哪些是不利的一面？

（学生讨论、汇报。）

【设计意图：通过探究让学生认识到人类在改造自然的同时，也在破坏着自然环境。】

3. 人类活动对地表影响辩论会

师：某地由于人口增加，人均耕地数量减少，不足以维持当地的粮食供应，为了解决这一问题，有人提出围湖造田以增加耕地面积的方案。对于这一方案，你的意见是什么？

（学生自由分成两派，赞成围湖造田的为正方，反对围湖造田的为反方。）

师：辩论时一定要清楚地陈述自己的理由。

（学生进行辩论。）

三、活动感受

师：说说你在研究的过程中以及听了同学们的研究后有什么感受。

（学生谈感受。）

师：我们怎样才能使人类的活动对地表的变化向有利的方向发展？

（学生讨论、交流。）

师：查阅资料，了解信息，想想你将如何向周围的人们进行宣传，用自己的实际行动感染身边的人，下课后可以设计宣传语和宣传牌。

### 教学设计特色 >>>

通过这节课的教学，学生不仅学到了自然力量对地表的作用的知识，而且在一定程度上掌握了人类活动对地表的改变的知识。这种自主学习方法一经掌握就具有迁移价值。在课堂中，教师为学生搜集了大量图片，开阔了学生的眼界，使他们不只了解了书上的一点知识，而且能够联系实际，体会到人类既依赖着地球，又影响着地球，从而使学生树立正确的人生观、价值观。最后的辩论会既锻炼了学生的语言表达能力和分析能力，也使学生学会了与人交流。

**附：**

一、板书设计

人类改变地表
自然力量　人类活动
辩论：围湖造田利大于弊　围湖造田弊大于利

二、学生记录单设计

1. 将下列人类改变地表的活动分类

平整田地　修筑梯田　修建海塘　开山筑路　毁林开荒
挖河修渠　植树绿化　乱砍滥伐　过度放牧

有利于保护地表的活动：＿＿＿＿＿＿＿＿＿＿＿＿＿＿＿＿

不利于保护地表的活动：＿＿＿＿＿＿＿＿＿＿＿＿＿＿＿＿

2. 把辩论过程中双方提出的主要理由记录在下列表格中

| 赞成的理由 | 反对的理由 |
|---|---|
|  |  |
|  |  |
|  |  |
|  |  |

## 三、教学评价设计

**学生学习评价表**

| 评价项目 | 自我评价 | 同学评价 | 教师评价 |
|---|---|---|---|
| 学习目的明确，能与同学一起交流、分享自己搜集的资料 | ☺ 😐 ☹ | ☺ 😐 ☹ | ☺ 😐 ☹ |
| 主动性、积极性高，敢于发表自己的看法，有学习的兴趣，有探究的欲望 | ☺ 😐 ☹ | ☺ 😐 ☹ | ☺ 😐 ☹ |
| 掌握了一定的学习方法，观察能力、动手操作能力和描述能力有了提高和发展 | ☺ 😐 ☹ | ☺ 😐 ☹ | ☺ 😐 ☹ |
| 尝试解决自己疑惑的问题，体验成功的快乐 | ☺ 😐 ☹ | ☺ 😐 ☹ | ☺ 😐 ☹ |
| 有自己的想法，有保护地球、减少破坏的愿望和决心 | ☺ 😐 ☹ | ☺ 😐 ☹ | ☺ 😐 ☹ |

# 在观察中发现问题，在实验中解决问题

## ——"山脉的变化"教学课例

河北省辛集市马庄乡马庄完小　吉永云

### 教育理论指导 >>>

第一，要基于学生的经验进行教学。学生在生活中已经对山脉的变化进行过一些原始的探究，积累了一些经验。教学要立足于学生的前概念，通过引发认知冲突，激起学生思考，使他们重新建构起正确的概念。

第二，树立开放的教学观念。引导学生利用电视、报纸、网络等各种媒体进行多方位的学习，获取多方面的证据，形成证据链，从而理解原理、解释现象，得出完整的结论，取得更好的教学效果。

### 教材分析 >>>

本课是冀教版小学科学五年级下册"地表缓慢变化"单元中的内容。这一单元是在上学期"地表剧烈变化"单元的基础上，继续探究影响地表缓慢变化的诸多外力因素。由于引起地表变化的诸多因素对山脉的影响极其缓慢、复杂，对只有短短几十年生命的人类个体来说，是无法观察到其变化的全过程的。因此，本课将引领学生对引起山脉缓慢变化的诸多外力因素进行想象、分析，尝试提出有根据的假设，进行相应的模拟实验，逐步使学生感悟到各种自然力量对地表的作用与影响。

### 学情分析 >>>

在五年级上册的学习中，学生已经利用多种方式探究了地球表面的板块运动、造山运动以及地震、火山喷发等自然现象，已经基本掌握了一些探究方法，对探究活动的基本过程也有了一些总体的认识。随着科学技术水平的不断提高，信息传播途径逐渐向大众化、多样化发展，不管学生生活在什么地方，对形态各异的山脉都会有或多或少，或直接或间接的了解。

### 教学目标 >>>

1. 知识与技能

（1）能解释老年山脉和幼年山脉的含义。

（2）能用自己的话解释造成地球表面的岩石不断破碎的原因。

（3）能用自己的话说出什么是风化作用。

2. 过程与方法

（1）能有根据地推测老年山脉初期的形态特征。

（2）能用模拟实验的方法验证导致岩石破碎的各种因素。

（3）能通过分析模拟实验的结果推测出使岩石破碎的各种因素。

3. 情感态度与价值观

能用发展的观点看待地球表面的变化。

### 教学重难点 >>>

推测使岩石破碎的各种因素；设计模拟实验验证岩石破碎的假设。

### 教学准备 >>>

教师准备：相关图片、视频资料，多媒体课件。

学生准备：查阅相关资料。

分组实验材料：玻璃，酒精灯，试管夹，气球，烧杯，水，小石子，砖块，酸溶液，护目镜等。

### 教学方法 >>>

本课教学充分利用多媒体、网络等先进的教学手段和教学方法，尽量营造真实的环境，并以活动为载体，让学生经历观察实验、搜集信息、科学制作等过程。

### 教学过程 >>>

一、观察比较，提出问题

师：同学们，今天我们来研究山脉的变化。你们喜欢爬山吗？你们熟悉山吗？

（课件出示幼年山脉与老年山脉图片。）

师：同学们请看，这两座山脉的形态有什么不同？你能分辨出图中哪座是幼年山脉，哪座是老年山脉吗？并说说理由。

（学生观察、讨论。）

师：陡峭险峻的山脉是幼年山脉，大约形成于6000万年前。低矮平缓的山脉是老年山脉，大约形成于3亿年前。老年山脉很久以前也是陡峭险峻的，经过数亿年的缓慢变化才成为低矮平缓的山脉。那么，幼年山脉是怎样变成老年山脉的呢？为了了解这一变化，我们来仔细观察一下山体的表面都有什么。

（学生观察山体表面的状况，初步推测幼年山脉变成老年山脉的原因。）

师：山体表面岩石破碎是造成山脉变化的主要原因。围绕山体表面岩石破碎的现象，你能提出想要研究的问题吗？

（学生围绕岩石破碎现象提出研究问题。）

二、推测原因，实验验证

师：大家推测什么自然力量可使山体表面的岩石破碎呢？说说理由。

（学生自由推测：水、温度、植物……）

师：大家推测的各种自然力量是不是能使岩石破碎，还需要通过实验验证才能确认。老师设计了一个模拟实验。

（课件出示"水结冰膨胀，撑破岩石"模拟实验流程。）

师：通过这个实验你可以得出什么结论？

（学生讨论、交流，得出结论。）

师：请每个小组选择一种可能会使岩石破碎的自然力量，设计模拟实验。设计好了向全班同学汇报，听取大家的修改意见，再完善自己组的实验设计。

（学生分组设计模拟实验，汇报、交流、修改实验设计。）

师：今天我们做温度变化导致岩石破碎的模拟实验。在实验过程中，请大家注意安全。

（分发实验材料，学生分组实验，填写记录单，全班汇报实验结果。）

三、建立风化作用概念

师：由于温度变化、水、空气、生物等外力的作用和影响，给地表岩石造成的破坏，称为风化作用。现在你能全面地解释陡峭险峻的幼年山脉是怎样变成低矮平缓的老年山脉了吗？

（学生全面总结。）

四、课外拓展，总结收获

（课件出示蘑菇石图片。）

师：这是沙漠中常见的蘑菇石，蘑菇石是怎么分化形成的呢？

（学生分组讨论，全班汇报。）

师：多种内外力作用引起的地球物质运动不断地改变着地球表面的形态，今天我们探究的山脉的变化就是多种因素共同影响山脉形态的过程。除了山脉，地球上还有很多不同种类的地形地貌，如沙洲、蘑菇石、钟乳石、丘陵……它们是怎么形成的呢？它们的变化会受到什么因素的影响呢？请同学们课下多搜集一些资料，今后的科学课上我们会继续研究、探索。

## 教学设计特色 >>>

本课教学设计始终都让学生在观察中发现问题，引导学生通过猜想设计实验，再做实验验证猜想，最后得出结论。在探知的过程中，不断生成新的问题，使学生带着问题进一步完成探究，获得新的发现。

## 附：

### 一、板书设计

山脉的变化

岩石的变化

幼年山脉──────────────→老年山脉

各种自然力量
- 温度变化：岩石表面和内部受热不均
- 水：水流的冲刷
  水结冰时体积膨胀，挤压岩石
- 生物：人和动物的活动
  植物根系的膨胀作用
- 其他物质：在水、氧、酸的作用之下被溶蚀

### 二、学生记录单设计

**实验记录单**

| 实验目的 | |
|---|---|
| 所需材料 | |
| 过程与方法 | |
| 实验结果 | |

三、教学评价设计

学生学习自评内容如下。

1. 我能从多个角度猜想使山脉发生变化的自然力量。（　　　　）
2. 我能认真思考，积极发言、合作、交流。（　　　　）
3. 我能设计一项模拟实验，并获得成功。（　　　　）
4. 我学到的内容是（　　　　）。

# 采用多种探究方式，获得最佳学习效果
## ——"火山"教学课例

河北省石家庄市井陉矿区教育局教研室　苏瑞红

### 教育理论指导 >>>

小学科学课程标准明确提出，应以探究为最重要的学习方式，引导学生主动探究，亲历科学探究的过程，保护学生的好奇心，激发学生学习科学的主动性。为了实现这一理念，教师必须根据教学目标和教学内容采用不同的方式与策略，让学生将探究式的学习与其他方式的学习充分结合起来，以获得最佳的学习效果。同时，教师要为学生创造一个气氛和谐的情境，让学生在课堂上敢想、敢说、敢做。

### 教材分析 >>>

本课是冀教版小学科学五年级上册的内容，它与"地表探秘""地震""岩石"共同组成了该册教材的"地表剧烈变化"单元，"火山"是本单元的第三课。

### 学情分析 >>>

五年级学生经过两年的科学学习，已经掌握了一些科学探究的方法，并且对未知的世界有着强烈的好奇心。由于火山在生活中不常见，大多数学生没有见过真实的火山喷发，所以，学生对火山的知识知道得较少，只有个别学生通过课外书、电视或网络对火山喷发的成因、危害等有一定的认识。

**教学目标** >>>

1. 知识与技能

（1）能初步解释火山喷发的原因。

（2）初步了解地球内部的物质构成。

2. 过程与方法

（1）能够独立操作火山喷发模拟实验，并根据模拟实验初步推测火山喷发的成因。

（2）能从正反两个方面辩证地说明火山喷发的好处和造成的危害。

（3）能发挥自己的想象力和创造力，写一篇关于地球内部情况的科幻小短文。

3. 情感态度与价值观

（1）乐于把自己知道的火山知识与其他同学分享。

（2）能产生探究地球内部秘密的愿望，并能大胆推测地球内部的结构。

**教学重难点** >>>

根据火山喷发模拟实验推测火山喷发的成因并做出解释。

**教学准备** >>>

教师准备：多媒体课件，视频资料。

学生准备：课前利用图书、网络等搜集火山喷发的相关资料。

分组实验材料：报纸，铝盘子，带窄颈的干净瓶子，药匙，纸漏斗，干苏打，洗涤灵，醋，红墨水，杯子，铝箔。

**教学方法** >>>

本课运用模拟实验和现代化信息技术手段（如多媒体、网络）拉近了学生和火山的距离，为学生提供了探究火山喷发的途径。这两种教学方法刚好解决了很多知识对于学生来说太遥远，无法组织学生实际观察的问题。

**教学过程** >>>

一、故事引入，激发兴趣

1. 介绍庞贝古城的故事

（课件出示故事图片。）

师：公元79年，意大利维苏威火山喷发。来自维苏威的厚厚的火山灰掩埋了位于地中海和维苏威火山之间的罗马古城庞贝。从17世纪开始至今，科学家已经把大约一半以上的被埋藏的古城发掘了出来。我们可以看到当年庞贝古城的城墙、商店、房屋、石板街、古罗马广场、寺庙、公共浴室等设施。

2. 指导学生认识火山喷发的危害

师：通过庞贝古城消失的故事可以知道，火山喷发有时是非常突然的，人们几乎来不及躲避，几乎在一瞬间就能让一座美丽的城市从地球上突然消失。

3. 播放视频，引出问题

师：请同学们注意观察并思考视频中发生的是什么现象。

（播放火山喷发的视频。）

生：火山喷发。

师：你有什么相关的问题要研究呢？

生：火山是怎样形成的。

生：火山喷发的预防。

生：火山喷发的危害。

师：刚才同学们提出了很多想要研究的问题，这说明大家对火山有很大的兴趣。那么要解决大家所提出的问题，应该先解决哪些最基本的问题呢？

生：火山喷发是怎样形成的。

【设计意图：将故事和现代化信息技术手段结合，使学生初步认识火山。课堂上的简短提问，引导学生将问题聚焦，确定本节课的研究内容，这样既可以发散学生的思维，又能把学生发散的思维集中起来，有利于学生确立需要探究的重点内容。】

二、猜想假设，模拟实验

1. 猜想火山喷发的形成原因

师：我们先来研究火山是怎样形成的。你认为火山是怎样形成的？说说你的想法。

（学生猜想，只要合理就给予肯定。）

2. 模拟实验，探究原因

师：大家想不想设计一个实验来模拟火山喷发？

生：想。

师：请大家利用老师课前给大家准备的材料做一做火山喷发的模拟实验。

（分组实验，填写实验记录单，教师巡视。）

【设计意图：模拟实验是学生喜欢的探究方式。通过亲自实验，学生能清

楚地观察到实验现象，为下一步推测火山喷发的成因及地球内部的情况奠定基础。】

三、大胆想象，推测成因

1. 交流实验现象

师：你看到了什么现象？

（学生回答，教师总结。）

师：当慢慢地向瓶中倒入醋的混合物时，可以看到红色的泡沫从瓶口喷出，形成像喷泉一样的喷发现象，喷出来的物体沿着铝箔下流，好像火山的岩浆。

2. 讨论成因

师：联想火山喷发，说说模拟实验材料分别代表什么，想一想泡沫喷出的原因是什么。

（学生回答，教师总结。）

师：带窄颈的瓶子代表地壳，窄颈口就像地壳的裂缝口，泡沫代表岩浆，泡沫喷出就像火山喷发。泡沫喷出的原因是瓶子内部有压力。

3. 提出问题，大胆猜想

师：同学们，现在可以大胆想象一下，地球内部有什么？地球内部的温度怎样？压力又怎么样？岩浆为什么会从地球深处喷发出来呢？小组讨论一下吧！

（小组讨论，教师巡视。）

【设计意图：对小学生来说，进行信息和数据处理正是提高能力的机会。教师应该引导他们运用大胆的想象与合理的推理来分析现象，寻找现象背后的原因，培养学生科学探索的精神。】

四、交流沟通，形成结论

（学生尝试解释火山喷发的成因。）

师：老师总结一下火山喷发的成因。地壳深处的岩浆在巨大的压力作用下，沿着裂缝上升侵入岩层，有的会在上升过程中冷却下来，形成岩石，有的则冲出地面，形成火山喷发。

【设计意图：结论的形成过程是对所搜集、整理的事实证据进行分析、综合、推理的过程，这一过程有利于学生在头脑中形成科学概念，帮助学生准确地理解和掌握科学知识。】

五、拓展阅读，开阔视野

师：关于火山喷发还有很多的知识呢，请同学们阅读课本上的"科学在线"和自己课前搜集到的相关资料。

（全班交流，共享信息。）

【设计意图：阅读是获取信息的一种重要途径，也是一种学习方式。学生可以利用课本和课前搜集的资料，获得更多关于火山喷发的信息。同时，让学生相互交流有利于提升他们的表达能力。】

六、探索无止境

师：火山喷发有这么多危害，那么火山喷发有没有前兆呢？火山喷发的前兆是科学家正在攻关的难题，希望大家将来能攻克这一难题，为人类做出贡献。

师：火山喷发除了有危害外，也有一定的利用价值。请你想一想，火山喷发有哪些利用价值呢？

（学生讨论，教师总结。）

师：地球内部到底有什么？自从有了人类社会，人们探索地球内部结构秘密的兴趣就一直存在。课本上提供了19世纪世界著名科幻小说家凡尔纳的《地心之旅》的故事，希望同学们在课后充分发挥想象力和创造力，写一篇科幻短文。

【设计意图：写科幻短文有利于培养学生科学幻想的能力，并激发探求知识和真理的强烈愿望。】

### 教学设计特色 >>>

本课教学设计的特点包括以下几个方面。

第一，引导学生通过模拟实验和现代多媒体技术来探究火山喷发的成因，从而解决本课的难点，针对不同的学习内容，采用实验、阅读、观察、讨论等探究方式来达到本节课的教学目标。

第二，充分发挥模拟实验、多媒体、网络的优势，把对于学生来说过于遥远、无法组织学生实际观察的火山喷发问题搬进课堂，为学生理解本节课的重难点打下基础。

第三，用各种问题引导学生探索火山喷发的成因，培养学生的科学探究能力，从而完成科学探索的思维过程。

## 附：

### 一、板书设计

火　山

成因：岩浆 —————高温高压—————→ 喷发
　　　　　　　薄弱地壳

危害：影响气候、破坏环境等

利用：建筑材料、地热资源、旅游资源等

### 二、学生记录单设计

**实验记录单**

第_____小组　　　　　　　　_____年_____月_____日

| 实验目的 | 模拟融化的岩石从地球内部来到地球表面的过程 |
|---|---|
| 实验材料 | 报纸，铝盘子，带窄颈的干净瓶子，药匙，纸漏斗，干苏打，洗涤灵，醋，红墨水，杯子，铝箔 |
| 实验过程 | (1) 在地面或桌面上铺一层厚报纸，把铝盘子放在报纸上，将瓶子放在铝盘子中间<br>(2) 往瓶中倒入 50 克干苏打，加入 1～2 滴洗涤灵<br>(3) 在瓶子周围放一个像火山锥一样的铝箔<br>(4) 将 50 毫升醋倒入杯子中，加入 2～3 滴红墨水<br>(5) 慢慢地向瓶中倒入醋的混合物，观察发生的变化 |
| 实验现象 |  |
| 实验结论 |  |

### 三、教学评价设计

在本节课的评价过程中，教师采取了评定量表的形式，综合教师评价、小组成员互评、自我评价，尽量将学生在真实的日常学习中的表现全面地反映出来。

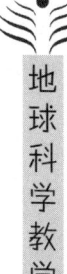

## 学生学习评价表

| 评价项目 | 具体内容 | 小组成员评价 ||||
|---|---|---|---|---|---|
| | | 你真棒 | 真不错 | 不乐观 | 要努力 |
| 情感态度 | 乐于把自己知道的火山知识与其他同学分享 | | | | |
| | 能产生探究地球内部秘密的愿望,并大胆推测地球内部的结构 | | | | |
| 合作交流 | 主动与同学配合 | | | | |
| | 认真倾听同学的观点和意见 | | | | |
| 学习技能 | 能够独立操作火山喷发模拟实验,提高动手操作能力 | | | | |
| | 能根据模拟实验初步推测火山喷发的成因 | | | | |
| | 能从正反两个方面辩证地说明火山喷发的好处和造成的危害 | | | | |
| 实验活动 | 积极动口、动手参与 | | | | |
| 成果展示 | 能共同完成实验记录单 | | | | |
| 回头看看,我的感想 |||||||
| 我对自己的评价 |||||||
| 老师对我的评价 |||||||

# 选取结构性实验材料，注重人性化教学评价
## ——"认识空气"教学课例

河北省石家庄市红星小学　付志远

### 教育理论指导 >>>

小学科学课程标准指出，科学课程的学习要以探究为核心。亲身经历的以探究为主的学习活动是学生学习科学的主要途径。科学课程应向学生提供充分的科学探究机会，使他们体验学习科学的乐趣，提高科学探究能力，获取科学知识，形成尊重事实、善于质疑的科学态度。

心理学研究表明，学生态度的形成需要经历实践的过程，技能的形成需要反复的模仿练习，而知识的获取主要通过感性经验的积累。建构主义的学习观认为，学习不是被动接受，而是学生主动的行为。一切知识都是个体在认知过程的基础上跟经验世界的对话中建构起来的。所以要通过实验、观察、制作来丰富学生的动手操作，进而使他们认识和理解世界。

### 教材分析 >>>

本课是冀教版小学科学三年级上册"空气"单元中的内容。本课以空气为研究对象，学生通过学习认识空气的基本物理性质，并初步获得通过实验探究事物性质的能力。

### 学情分析 >>>

三年级上学期的学生对科学知识的掌握处在初级阶段，对科学探究方法的运用处在巩固阶段。所以对于刚刚接触科学的他们来说，在实验探究环节要偏重于教师的指导，使他们逐步体会、理解科学探究的过程与方法。另外，学生通过前面对"水"的学习，为本节课形成"空气占据空间"概念奠定了知识基

础，但是由于空气是看不见、摸不着的，学生对空气的认识往往难以深入。

### 教学目标 >>>

1. 知识与技能

能用自己的话解释空气占据空间的性质。

2. 过程与方法

能用实验证明空气占据空间的猜想。

3. 情感态度与价值观

能感受到与小组同学共同设计实验方案的好处。

### 教学重难点 >>>

认识空气占据空间的性质；设计实验，分析实验现象。

### 教学准备 >>>

教师准备：气球，可乐瓶（一个扎有小孔，一个没扎小孔），多媒体课件。

学生准备：查阅相关资料。

分组实验材料：废纸，烧杯，塑料盆，蚊香，带颜色的水（蓝墨水兑成），塑料瓶，顶面粘到一起的两个瓶盖（中间打孔）。

### 教学方法 >>>

首先指导学生把认识对象（物体的形态、构造、性质、变化过程）分解为若干部分，分别进行观察、比较；然后把观察的结果综合起来，描述出这个物体的整体特征、性质或变化过程；最后指导学生运用本课学习的知识和方法识别物体，即观察、描述其他物体的形态特征。

### 教学过程 >>>

一、激趣导入，形成问题

师：在正式上课前，我们先进行一个游戏——吹气球比赛。

（随机选择一名学生把两个气球吹到一定程度，证明这两个气球是一样的。全班推选出力气最大的男生，再随机找一名女生，两人准备比赛。）

师：在游戏之前，请大家猜一猜，到底谁会赢呢？

生：男生。

（把两个气球分别放进两个可乐瓶中，男生用没扎小孔的可乐瓶，女生用扎有小孔的可乐瓶。两人同时吹气球，结果女生胜利。）

师：咱们班的大力士今天怎么这么不给力呢？

（让学生观察可乐瓶，学生发现差异，并猜测原因。）

师：这就是我们今天要研究的主题——空气是否占据空间。

【设计意图：实验结果与学生的原有认知发生冲突，能够激发学生的兴趣和探究欲望。学生在观察出可乐瓶的差别后，进行有根据的猜测，使本课研究主题的出现水到渠成。】

二、动手实验，获得新知

1. 设计实验，交流完善

师：我们需要设计实验来验证之前的猜想。

（出示实验材料，教师讲解每种材料的特点。学生讨论如何应用材料证明自己的猜想，教师进行指导。）

【设计意图：实验设计是本课的难点。根据三年级学生的思维层次，从材料出发完善他们的设计思路是指导学生进行实验设计的关键，这样做可以把学生的思维角度从面落到点上，一方面减小了设计的难度，另一方面增加了实验的可操作性。】

2. 分工合作，实验观察

师：根据大家的讨论结果，我们来总结一下实验步骤。

（课件出示实验步骤。）

实验一：在塑料盆中放大半盆水，把废纸揉成纸团，放入烧杯中，压在杯底，要保证杯子倒过来时，纸不会掉下来，再把杯口垂直向下放在盆里一分钟，把杯子提上来，将杯口的水擦干，观察纸团。

实验二：先在有孔的塑料瓶中填充蚊香的烟，没孔的灌满蓝墨水，用瓶盖连接两个瓶子，用手堵住小孔，迅速将两个瓶子上下翻转，观察现象；将堵住小孔的手松开，再观察现象。

师：同学们可以先选择其中的一个实验，如果有时间再做另一个实验。

（分组实验，学生观察现象、记录结果。）

【设计意图：两个实验，一易一难，照顾到学生的个体差异。第二个实验利用蚊香烟，使无色的空气可视化（蓝墨水增大色差），增加了实验的趣味性和说服力。】

3. 分析现象，形成认识

（学生根据实验记录单进行汇报。）

师：通过实验，我们的结论就是空气占据空间。

【设计意图：知识的建构过程是一个由科学事实上升为科学概念的过程。从科学事实到科学概念需要经过分析、综合、比较、概况等一系列思维活动。根据本课的特点，从分析不同实验的现象中得出结论，更易于学生掌握与接受。】

三、运用知识，实践创新

师：现在我们再分析一下为什么力气大的男生吹不起来气球。

（学生交流。）

师：请大家思考一下生活中还有哪些现象也说明了空气占据空间。

生：存衣服的真空袋要把里面的气体排出。

生：汽车贴膜中间的小鼓包。

生：打针时医生把注射器上方的空气挤出。

师：生活中我们每家每户都有下水道，它埋在地下，生活中的废水都从这里流走了，可是有些时候它会被脏物堵住。对于这个难题你们有办法利用今天的知识解决吗？能自己设计一个方便实用的工具吗？下节课我们再来交流。

【设计意图：运用知识解决实际问题，既可以巩固课上所学的知识，又可以培养学生的实践能力和创新能力。此环节设计了三个层次：一是解释，让学生运用所学知识解释现象；二是逆推，思考生活中的实例；三是设计，让学生想出更好的办法解决生活中的实际问题。】

## 教学设计特色 >>>

1. 实验材料的选取注重结构性

首先，在材料的选取上坚持常见常新。比如，引入实验的可乐瓶和气球，对此学生非常熟悉，但组合在一起却出现了学生想不到的结果，这更能引起学生的兴趣，同时也能激发学生在日常生活中对普通物品的思考。

其次，使实验材料中无形的物质可视化。比如，在探究实验中通过蚊香烟的引入使学生能看到看不见的空气的流动状况，为学生得出完整的结论提供依据。

2. 教学评价注重人性化

在本课的评价中，首先在评价主体上增加学生的比重。比如，在设计实验时加入生生评价环节，通过小组内的交流、讨论完善实验方案。

其次注重及时的形成性评价，并梯度呈现。比如，当学生获得空气占据空间的结论后，教师先释疑课程导入部分的小游戏，然后让学生思考那些能够说明此结论的生活场景，最后让学生利用此结论解决生活中的问题，使本课的目标在学生头脑中的建构真正符合他们的思维特点与现有技能水平。

附：

### 一、板书设计

认识空气

烧杯垂直入水，纸团不湿
烧杯倾斜入水，有气泡冒出，纸团湿了
⎫→ 空气占据空间

用手堵住小孔，上方瓶中的水不落下
松开小孔，烟从小孔中跑出，上方瓶中的水落下

### 二、学生记录单设计

**实验记录单**

班级：_____ 组别：_____ 实验时间：_____

| 我的猜想 | 空气（占据——不占据）空间 |
|---|---|
| 选用的材料 | |
| 如何操作 | |
| 实验现象 | |
| 实验结论 | |

### 三、教学评价设计

**学生学习自评表**

小组成员：_____ ___年___月___日

| 学习活动自评 | ☺ | 😐 | ☹ |
|---|---|---|---|
| 我能用实例解释空气占据空间的性质 | | | |
| 我能与小组成员顺利交流彼此的想法 | | | |
| 我能感受到与小组成员合作完成实验的乐趣 | | | |
| 我能说出吹气球游戏中的秘密 | | | |
| 我能通过观察实验现象得出完整的结论 | | | |

# 主动获取知识，成为学习的主人
## ——"风的形成"教学课例

河北省石家庄市东风西路小学　李秀琴

### 教育理论指导 >>>

新课程理念强调以学生为主体，认为学生是知识意义的主动建构者；教师只对学生的意义建构起帮助和促进作用，而不能直接向学生传授和灌输知识。

建构主义源自儿童认知发展的理论，由于个体的认知发展与学习过程密切相关，因此利用建构主义可以比较好地说明人类学习过程的认知规律，即说明学习如何发生、意义如何建构、概念如何形成，以及理想的学习环境应包含哪些主要因素等。总之，在建构主义思想的指导下可以形成一套新的、有效的认知学习理论，并在此基础上实现较理想的建构主义学习环境。

### 教材分析 >>>

本课是冀教版小学科学五年级上册"冷和热"单元中的内容。本单元从介绍冷热现象开始，围绕着冷热之间的相互作用与平衡，探究热传递的各种方式，进而运用热传递的知识解决生活中的保温和散热的问题，从而培养学生设计实验方案、分析实验现象、得出实验结论的能力。

### 学情分析 >>>

在日常生活中，风对于学生来说并不陌生，而且学生在三年级"认识空气"这节课中已经通过实验证明了空气是占据空间的。通过这节课的两个主要活动，学生可以知道风是由空气流动形成的。

**教学目标** >>>

1. 知识与能力

能说出风是怎样形成的。

2. 过程与方法

（1）能进行实验观察。

（2）能分析实验现象得出结论。

（3）能经过推想得出自然界中风的成因。

3. 情感态度与价值观

能与小组同学分工合作完成实验任务。

**教学重难点** >>>

根据实验现象推想自然界中的风是怎样形成的。

**教学准备** >>>

教师准备：多媒体课件，风声的录音，风箱实验模型，蜡烛，蚊香等。

学生准备：湿抹布，火柴等。

**教学方法** >>>

本课通过对比模拟实验，使学生认识风的成因，了解热传递的方式之一——对流。

**教学过程** >>>

一、复习旧知，形成问题

（教师播放风声的录音。）

师：同学们，这是什么声音？

生：风声。

师：对，我们在三年级时已经学过"风"，请你回忆一下什么是风，以及怎样制造风。

生：风是空气的流动。可以通过扇扇子等方法来制造风。

师：对，你回答得很好。同学们是否想过这样的问题：是什么原因让自然界中的空气流动起来形成风的呢？今天我们就来研究这个问题。

【设计意图：通过播放风声的录音，引起学生的注意，勾起学生对风的回

忆。通过复习旧知导入新课，让学生初步感知本课要学习的内容，并提出了本课要探究的问题。】

二、联系生活，猜想假设

师：自然界中的空气是在谁的作用下流动起来形成风的呢？为了帮助你回答这个问题，请看，这是什么？

（课件出示火锅图片。）

师：你们在吃火锅的时候发现火锅旁边的风口处有风吗？为了让你们了解其内部构造，我们来看一段动画。

（播放动画。）

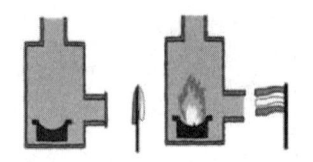

师：看到风了吗？猜一猜风口处风的形成与什么有关系。

生：与里面的火有关系。

师：你为什么这样想？

生：因为火熄灭了，旗子就不动了。

师：其他同学呢？

生：与里面的热有关系。

师：看来如果没有热量的话，旗子就不会动起来。也就是说，自然界中风的形成可能与热有关系。

【设计意图：猜想是科学探究的重要环节，一方面可以为后面的实验设计提供思路，另一方面可以有效地培养学生的直觉思维。但猜想不是没有目的的想象，更不是瞎想，要提高猜想的有效性必须给学生提供猜想的基础。教师以火锅出风口为例，采用动画方式帮助学生进行观察，从而为学生的猜想奠定基础。】

三、掌握方法，实验观察

师：我们猜想风的产生可能与热有关，真的是这样吗？这就需要通过实验来验证，但直接用火锅不大方便，老师就将这种火锅变成了这样一个风箱实验模型（见下页图）。

（教师出示实验模型，并进行介绍：大塑料瓶相当于锅身，小塑料瓶相当于出风口，里面的蜡烛相当于木炭。）

师：一会儿我们通过对比实验来研究风口处风的形成是否与热有关系。同

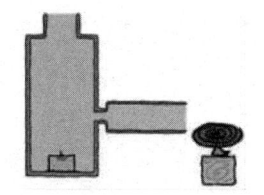

学们还记得对比实验怎样做吗？

生：做两次，每次只改变一个条件。

师：那这个实验要改变哪个条件呢？

生：可以改变火这个条件。

师：我们第一次做的时候不点火，第二次做的时候点上火。除此之外其他条件都相同。

（课件出示实验步骤。学生分组实验，教师巡回观察，发现问题及时指导。）

师：做完实验的同学请先想一想，你观察到了什么现象？这种现象的产生与什么有关？为什么？

【设计意图：巧妙地由火锅引出风箱实验模型，体现了教学内容的系统性；利用图和简单的文字出示实验步骤，便于学生掌握；当有的学生完成实验任务时，教师及时出示思考题，帮助学生整理思路，较好体现了关注学生差异、面向全体学生的教学理念。】

四、分析现象，形成知识

师：科学家在做完实验后都会通过交流、研讨来总结实验中观察到的现象。现在我们就来进行交流、汇报，哪个组先来给大家说说你们是怎么做的？观察到了什么现象？

生：第一个实验中，蜡烛没有点燃，蚊香点燃后，烟是向上飘的。第二个实验中，蜡烛点燃了，蚊香烟是往瓶子里飘的。当我们把蜡烛吹灭拿起瓶子时，发现瓶子非常热。

师：瓶子很热说明什么？

生：说明里面的温度很高。

师：哪个组与他们观察到的现象一样？请再简练地说一说。

生：我们的发现是不点蜡烛，蚊香烟往上飘；点燃蜡烛后，蚊香烟往瓶子里面飘。

师：点燃蜡烛之后，烟往瓶子里飘，看来空气的流动确实是与瓶子里面的蜡烛点燃有关。可是为什么点燃蜡烛之后烟会往里面飘呢？

（学生进行小组讨论。根据情况，教师提示学生用空气受热后会上升和空气占据空间的知识进行解释。）

师：谁来汇报一下你们讨论的结果？

生：第二个实验中，空气受热后上升，从瓶口跑出去了，所以烟就进入瓶子里了。

师：为什么空气跑出去后，烟会进入瓶子呢？

生：空气受热后上升，就腾出了空间，旁边的空气要来填补这个空间。

师：通过同学们的汇报，我们达成了一个共识。空气受热后会上升，原来空气占据的空间由旁边的空气来补充，空气在水平流动的过程中就形成了风。其实自然界也是一个特别大的实验箱，在这个大大的实验箱中也有一支蜡烛，那是什么呢？那就是太阳。地球上的每一个地方都在吸收太阳的热量，由于地面上各个地方受热是不均匀的，空气的冷暖程度就不一样。比如，石家庄与北京两地可以构成一个"大风箱"，假设某天石家庄气温高，地面受热多，空气就会上升，北京那里的空气就会流过来补充，从而形成风。也就是说，自然界中，某地受热多一些，温度就高，这个地方的空气受热后上升，上升后就腾出了空间，周围较冷的空气就会补充过来，再受热再上升，冷空气再过来补充，这样就造成空气的连续流动，从而形成了风。

【设计意图：教师是按照知识建构的思维要素（即分析、判断、综合、推理）来设计教学环节的。教师先让学生按照"你们是怎么做的，观察到了什么现象"来汇报实验结果，这是事实再现的过程，也是分析的过程；接着让学生回答这种现象与什么有关，这是判断的过程；然后让学生通过讨论，解释为什么点燃蜡烛后会形成风，这是运用知识的过程，也是综合形成实验结果的过程；最后让学生根据实验结果推想自然界中的风是怎样形成的，这是推理的过程。】

五、实验演示，运用知识

师：把实验箱的两个口用管子连接起来，里面的空气会怎么流动？

（教师进行演示实验。）

生：会顺时针流动。

师：空气这样循环流动，可以将热从一个地方传到另一个地方，这种传热的方式称为传导。

【设计意图：热对流知识对学生来说难度较大，教师利用一个演示实验直观地呈现了热对流现象，加深了学生对热对流的理解。】

师：根据上面的实验，请你想一想，暖气为什么会使整个室内变热？

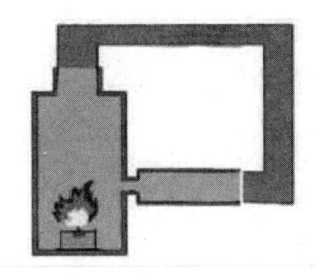

生：暖气上面的空气受热后会向上升，暖气旁边的冷空气会流过来补充，从而形成空气的循环流动，使整个室内变热。

师：今年夏天8月23号，石家庄市区气温高达41℃。同学们推想一下，23号之后会出现什么天气现象？为什么？

生：可能会有大风，因为气温很高，所以这个地区的空气都会往上升，别的地方的空气就会补充过来形成风。

师：请你运用本课的知识，设计一个控制火锅火力大小的方案，比一比谁想的方法多而独特。

### 教学设计特色 >>>

1. 教学思路清晰，结构严谨

本课是一节科学实验课，风的成因实验是学生探究的主要活动。为了体现模拟实验的特点，教师按照从原型到模型再到原型的思路来设计、安排教学内容，通过播放风声录音，复习旧知，引领学生感知风的原型；让学生观看动画，引领学生对风的成因进行猜想，建构实验模型，并让他们通过实验操作理解实验模型，形成科学事实；最后引领学生根据实验结论推想自然界中的风是怎样形成的，完成了从模型到原型的转化。

2. 实验模型简便易行，效果明显

风箱实验是一个传统的实验，然而实验室配备的实验箱存在着一些问题，如蜡烛不易固定、接缝太多密封性差、塑料箱容易烧焦等。为了克服这些缺点，教师利用塑料瓶设计、制作了实验模型。实验时将瓶底插进细沙中，密封性好，蜡烛易固定，瓶壁不易烧损，操作简便，效果明显。

附：

一、板书设计

风的形成

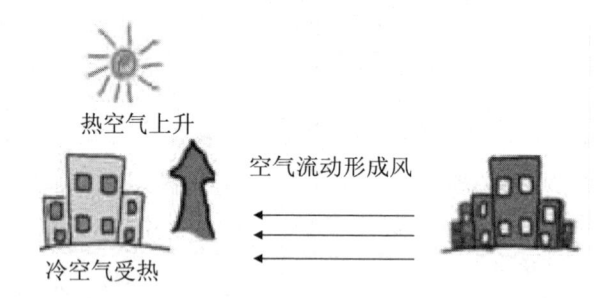

热空气上升

空气流动形成风

冷空气受热

二、学生记录单设计

请按照实验步骤进行实验，并在下面两个实验图中分别画出你观察到的蚊香烟的流动方向。

实验一：

1. 把实验箱罩在蜡烛上。
2. 点燃蚊香并放在实验箱右侧小口处。
3. 观察蚊香烟流动的方向。

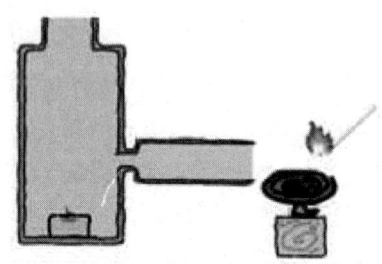

实验二：

1. 打开实验箱，点燃蜡烛，并罩回实验箱。
2. 再把蚊香放在小口处。
3. 观察蚊香烟流动的方向。
4. 熄灭蜡烛及蚊香。

结论：在实验一中我们发现蚊香烟向_____飘，在实验二中点燃蜡烛后我们发现蚊香烟向_____飘，这说明瓶口处形成了_____，我们觉得瓶口处风的形成和_____有关。

通过实验我们还知道了：
_____
_____
_____

### 三、教学评价设计

**学生学习自评表**

小组成员：_____　　_____年_____月_____日

| 学习活动自评 | ☺ | 😐 | ☹ |
|---|---|---|---|
| 能对风的形成做出自己的猜想 | | | |
| 能设计实验 | | | |
| 愿意和小组成员合作完成实验 | | | |
| 认真记录观察到的结果 | | | |
| 能说出风形成的过程 | | | |
| 正确地理解所学知识 | | | |
| 乐于将所学的知识应用于实际生活中 | | | |

# 基于翻转课堂理念，建构以实践为主的课堂
## ——"空气占据空间吗"教学课例

河北省辛集市辛集学区中心校　李朝辉

### 教育理论指导

1. 维果茨基的支架式教学

支架式教学是以维果茨基的最近发展区理论为基础的一种新的建构主义教学模式，它是指通过"支架"（教师的帮助）把管理学习的任务逐渐由教师转移给学生自己，最后撤去"支架"。在支架式教学中，教师作为文化的代表引导着教学，使学生掌握、建构、内化那些能使其从事更高级认知活动的技能。这种掌握、建构和内化与学生的年龄和认知水平是一致的。但是，一旦学生获得了这种技能，便可以更多地对学习进行自我调节。研究表明，在支架式教学这一模式中，只有根据学生的最近发展区搭建的"支架"对学生的发展才是最有效的。

2. 翻转课堂的理念

翻转课堂的核心理念是先学后教、以学定教。翻转课堂能够促使师生角色换位，促成知识传授课堂向问题解决课堂的转变，这为建构以动手实践为主的科学课堂带来了改革的可能。在传统课堂中，学生虽然也会有个性化的学习困惑，但为了保障教学进度的顺利实施，我们一般会忽视这些个性化的问题，甚至不允许学生表达。而在翻转课堂中，由于存在前置学习和交互环节，学生的困惑和问题被进一步明确，这样方便教师有针对性地组织教学。

### 教材分析

本课是教科版小学科学三年级上册"水和空气"单元中的内容。教材内容主要由"空气占据空间"和"空气占据空间的大小可以变化"两部分组成。这两者间并非简单的块状结构，而是存在层层深入的递进关系。从"空气占据空

间"到"空气占据空间的大小可以改变",到"改变空间大小后的空气有力量",再到"利用这种力量",通过这些具体概念层层深入,最终完善"空气占据空间"这一核心概念。

### 学情分析 >>>

小学三年级的学生首次接触科学,头脑中有一些对科学的错误认识和理解,科学的学习习惯、方法、技能都有待培养。因此,在本课中,教师通过对空气占据空间的研究,初步培养学生认真细致的观察习惯,独立思考、积极动脑的思维习惯,善于倾听和交流的学习习惯,使学生在模仿中掌握正确认识事物的科学方法及过程,激发其科学探究兴趣。

### 教学目标 >>>

1. 知识与技能

(1) 认识"占据"和"空间",会用"占据""空间"描述常见事物之间的关系。

(2) 知道空气占据空间。

2. 过程与方法

(1) 通过设计活动,初步感受设计实验的过程。

(2) 通过模仿的方式尝试设计实验,解决问题。

3. 情感态度与价值观

培养乐于实验、实事求是、认真细致的科学态度。

### 教学重难点 >>>

知道空气占据空间;模仿设计实验。

### 教学准备 >>>

教师准备:关于空气占据空间的小魔术微课,微信公众号及二维码,多媒体课件,水槽,杯子,瓶子,纸巾。

学生准备:移动学习终端。

### 教学方法 >>>

本节课利用微课的形式,向学生展示实验(小魔术),引导学生思考,并通过模仿的形式(教学支架),带领学生进行简单的实验设计。

## 教学过程 >>>

一、认识"占据""空间"概念

1. 以水为例，认识静态的"占据空间"

师：（拿出一满杯水）请你描述一下水和杯子之间的关系。

生：水在杯子里面。

生：杯子里面有水。

师：我们可以这样描述——水占了杯子里面的地方。

（教师出示一满瓶水、一满水槽水，学生模仿描述。）

生：水占了瓶子里面的地方。

生：水占了水槽里面的地方。

师：如果用科学的术语怎么描述呢？"里面的地方"叫作"空间"，"占了"叫作"占据"。因此，我们可以说"水占据空间"。

【设计意图：通过学生常见的事物，使他们认识"空间""占据"的概念，认识静态的"占据空间"，并借此渗透推理的过程，使学生产生初步体验。】

2. 认识动态的"占据空间"

师：大家都学过乌鸦喝水的故事，我们重温一下。

（播放动画。）

师：乌鸦把石子投入杯子中之后，水会溢出，这说明什么？

生：水占据杯子的空间，投入的石子把水挤出来了。

【设计意图：用学生熟知的故事既可以激发学生的兴趣，又可以检测学生对"占据""空间"概念的理解。】

3. 魔术揭秘

（播放关于空气占据空间的小魔术微课。）

师：请你用前面学到的知识和概念解释一下小魔术的原理。

（学生讨论，全班交流，教师引导学生进行归纳、总结，得出"空气占据空间"的结论。）

【设计意图：在教师的带领下，学生初步学会了用科学的语言来叙述和表达，并体验了科学实验的乐趣。】

二、探究空气占据空间

师：如何验证我们前面的结论呢？这就要通过实验来验证，同学们可以自己先设计一下。

（学生尝试设计。）

师：大家都想到了一些办法。现在，老师要做一个实验，请你边看演示边预测结果。

（教师一边演示一边讲解注意事项：揉成团的纸巾一定要紧紧地塞在玻璃杯底部，即使玻璃杯口朝下，纸巾也不会掉下来；将玻璃杯压入水槽和移出水面时，玻璃杯一定要保持垂直，动作要慢一些。）

师：纸团为什么不会湿？请你说一说。

（学生试着总结。）

师：空气是否可以占据其他物品的空间呢？我们还是要用实验的方法来证明一下。想一想，刚才的实验对你有没有帮助或启发呢？请以小组为单位设计实验方案。

（学生设计实验方案，教师组织学生汇报。）

【设计意图：在理解前面实验的基础上，让学生尝试进行实验设计，体会设计实验的过程。】

（按各组的设计进行实验，观察现象并得出结论。）

三、将观察延伸到课外

师：我们认识了"占据"和"空间"，并用实验的方法证明了空气确实可以占据空间。请同学们再找一找，空气还可以占据哪些物品的空间？在生活中你有新的发现吗？

（学生思考、讨论，全班交流。课件出示相关图片，教师讲解。）

## 教学设计特色

1. 利用翻转课堂实现课堂结构变化

以往的科学实验课在组织实验探究时，都是利用课堂上的时间通过创设情境，花大量的时间来引入。学生在课堂上探究的时间被占用，没有了时间的保证，探究的深入程度和效果就会大打折扣。而翻转课堂通过让学生提前观看有针对性的、教师精心依据教学目标设计的、有趣味性的微课，使他们带着问题进入课堂。同时，通过微信平台的互动功能，对学生的前知识和前概念有了更加明确的了解，作为教师在设计"支架"时的参考，保证了学生在探究活动中真正有所收获。

2. 在实验中体验逻辑推理的过程

科学课强调让学生亲历探究的过程，更强调让学生经历探究中的思维训练，教师要引领学生用科学、严谨的思维来更好地驱动、发展他们的动作技能，促使学生的探究技能得到提高。本课以学生身边的事物导入，以乌鸦喝水的故事为情境，通过引导学生分析水位上升的成因，进而推出"水占据空间"的概念。由此，又通过分析小魔术微课，使学生理解空气可以占据空间。这个过程不是教师在主导，而是通过教师精心建构的学习"支架"，让学生一步步地尝试着进行归纳推理，使学生体验探究的乐趣，为后续的学习做铺垫。

3. 给学生一个"梯子"，使他们感受设计实验的过程和方法

在学生进行实验设计之前利用小魔术、小实验多次树立模仿目标，意在给学生一个类似的方法，让学生在掌握探究方法的同时，将其迁移到新问题当中去。

## 附：

### 一、板书设计

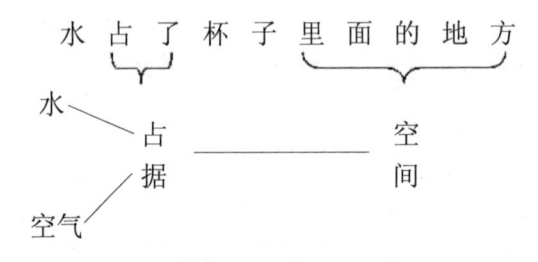

水 占 了 杯 子 里 面 的 地 方

水 ── 占
　　　　据 ────── 空
空气 ──　　　　　　间

### 二、教学评价设计

本课通过微信平台、实验记录单、实验操作三方面进行评价。具体评价内容见下表。

**学生学习评价表**

| 评价方式 | 评价等级 | | |
|---|---|---|---|
| 微信平台评价 | 表述准确 | 表述较准确 | 表述不明 |
| 实验记录单评价 | 字迹清楚，能利用文字或图画的形式清晰明确地表达出本组人员的想法；能实事求是地记录实验现象 | 字迹较清楚，能利用文字或图画的形式表达出本组人员的想法；能实事求是地记录实验现象 | 字迹不清楚，没能利用文字或图画的形式表达出本组人员的想法；不能实事求是地记录实验现象 |
| 实验操作评价 | 能够准确、熟练地完成实验操作，并能够表达清楚其中的科学知识 | 能够完成实验操作，并能够较清楚地说出其中的科学知识 | 不能够完成实验操作，不能够较清楚地说出其中的科学知识 |

# 找准教学起点，营造趣味课堂

## ——"水珠从哪里来"教学课例

河北省保定市南市区教研室　梁　辰

### 教育理论指导 >>>

建构主义学习理论认为，学习是情境性的，是个体的自我经验与外在知识相互作用的过程。获得知识的多少取决于学习者根据自身经验去建构有关知识的能力，而不取决于学习者记忆和背诵知识的能力。本课教学充分关注学生原有的认知经验，以学生的前概念为本课教学的起点，使学生经过"假设—分析—再假设"的思维过程，实现认知结构的再平衡。

### 教材分析 >>>

本课是教科版小学科学三年级下册"温度与水的变化"单元中的内容。水是地球上最重要的物质之一，与人类的生产、生活息息相关。本单元主要以水为例，集中研究水在融化、蒸发和凝结过程中发生的变化，使学生通过对水的三态循环的观察和感知，初步建立自然界"物质循环"的概念。

### 学情分析 >>>

小学三年级的学生具有较强的形象思维能力，并处于逐步向抽象逻辑思维过渡的阶段。对于水这种物质，学生较为熟悉，尤其是液态和固态的水在生活中运用得较为普遍。但对气态的水，学生可能在认识上会有困难和偏差。

## 教学目标

1. 知识与技能

知道空气中的水蒸气遇冷会凝结成水。

2. 过程与方法

（1）观察生活中的凝结现象，根据已有的知识和经验思考水珠从哪里来，并尝试做出自己的解释。

（2）探究杯壁的小水珠与杯内冰块的关系。

（3）通过实验，分析、判断玻璃杯外壁上的水珠从哪里来。

（4）根据经验和获得的新证据，对水珠的成因（凝结现象）做出解释。

3. 情感态度和价值观

初步认识到证据对假设的意义和价值。

## 教学重难点

自主探究、推测、验证空气中的水蒸气遇冷凝结成水这一现象。

## 教学准备

教师准备：生活中凝结现象的图片，型号相同的水杯，纯净水冰块，紫色冰块，常温水，冰水等。

学生准备：查阅相关资料。

## 教学方法

本课"水珠从哪里来"和下一课"水和水蒸气"主要探究水的气态和液态之间的变化。基于这两课教学内容的难易度，教师在单元大概念保持不变的基础上，对这两节课的教学顺序做了大胆的调整，即先讲"水和水蒸气"，再开始本课的教学，因为这样更利于学生对凝结现象的理解和内化。

## 教学过程

一、情境导入，提出问题

师：在生活中有很多有趣的现象，非常值得我们思考。

（课件出示图片1：从冰箱中拿出的可乐瓶，上面布满小水珠；图片2：冬天从屋外进入屋内后，眼镜片上布满小水珠。）

师：看到这些，你有什么想法或问题吗?

生：可乐瓶和眼镜片上为什么会有小水珠？水珠是从哪里来的？水珠是怎样形成的？

师：我们今天就来研究一下"水珠从哪里来"。

【设计意图：通过图片再现，让学生观察生活中的凝结现象，培养了他们的主动思考能力和问题意识，同时引出本课的教学任务。】

二、拓展话题，了解学情

师：要想弄清楚水珠从哪里来，我们先要大胆猜测一下水珠的形成可能与哪些因素有关系。

生：可能与冰箱有关系。

生：与冬天有关系。

生：与温度低有关。

生：与水蒸气有关。

师：我归纳一下大家的发言，一是与冷、温度低有关；二是与水蒸气有关。

【设计意图：通过"水珠的形成可能与哪些因素有关系"这一问题引领、引导学生全面、综合地思考凝结现象产生的原因，了解学生的前概念，为后面科学概念的转化等探究活动做好铺垫。】

三、分析推理，分层验证

1. 与冷、温度低的关系

师：刚才同学们对生活中的这些现象进行了观察，发现它们有共同的特点，即这些物体都很凉、温度低，水珠的形成与这些有关系吗？请大家观察桌子上的烧杯。

（桌子上摆着装有纯净水冰块、冰水、常温水和空气的四个烧杯。）

师：仔细观察哪些烧杯的外壁有水珠，哪些烧杯的外壁没有水珠。再用手摸一摸有水珠的烧杯的外壁温度和没有水珠的烧杯的外壁温度有什么不同。

生：装有冰水和冰块的烧杯外壁有水珠，它们都很凉，温度很低。

师：这个实验说明了什么呢？

生：水珠的形成与冷、温度低有关系。

【设计意图：充分利用学生的感知器官和直接经验探究凝结原因，符合学生先感性后理性、先简单后复杂的认知规律。】

2. 与水蒸气的关系

师：还有一些同学认为小水珠的形成和水蒸气有关系。关于水蒸气的知识，你知道什么呢？

（学生回忆上节课"水和水蒸气"的相关知识。）

师：既然水蒸气到处都有，谁能具体说说我们烧杯外壁的水珠与哪里的水蒸气有关？

【设计意图：通过回顾液态水转化成气态水的知识，强化了学生头脑中关于水蒸气的具体表象，为后续教学重难点的突破打下基础。】

生：烧杯里的冰化成了水，水变成水蒸气"跑"了出来，形成小水珠。

（持这种观点的学生很多，因为上节课的知识迁移到了这里。）

师：为了验证你们的观点，我们来做个实验。

（出示实验图片：装冰块的烧杯，杯口封着橡胶皮，再用几根皮筋扎紧。）

师：这样做烧杯里的水蒸气还会"跑"出来吗？

生：应该不会了。

师：那么烧杯的外壁上还会有水珠吗？

生：不会。

师：我们做实验验证一下。

（学生开展实验活动：将冰倒入一个空烧杯，套上橡胶皮后用皮筋扎紧，擦干外壁不小心倒出的水，然后认真观察。）

师：同学们看到什么了？想一想，扎紧杯口后烧杯外壁还有水珠，说明了什么？

生：水珠的形成不是因为烧杯里的水蒸气"跑"出来了。

师：水珠到底来自哪里呢？

生：会不会是杯子里的冰化成了水，从杯子里"钻"出来了？

师：你们同意这位同学的观点吗？说出你们的理由。

（学生结合生活中的经验发表意见。）

师：这个玻璃杯中装有紫色的冰块，我现在封好口，如果里面的冰水"钻"出来的话，那应该是什么颜色？

生：紫色。

师：好，我们来验证一下。

（将杯子放在实物投影上，教师和学生静静观察两分钟，待水珠形成后，教师拿白色餐巾纸反复擦拭，并展示给学生看。）

师：有颜色吗？这又说明了什么？

生：也不是杯子里的冰水"钻"出来的。

【设计意图：对学生的两种不同猜测，教师用反证实验的方法逐一进行验证、排除，强化了学生的实证意识，同时引导学生对"水珠从哪里来"进行深

入的思考。】

师：刚才这两个实验都证明水珠不是来自杯子里面，那它到底来自哪里呢？

（教师回放上课时出示的两幅图片。）

师：想一想，眼镜片上的水珠来自镜片内部吗？很可能来自哪里？可乐瓶上的水珠来自瓶子内部吗？很可能来自哪里？

（学生思考、讨论。）

师：我们上节课学了蒸发现象，回忆一下，蒸发皿上的水跑到哪里去了？结合上节课的知识，推测一下水珠来自哪里。

生：来自空气中的水蒸气。

【设计意图：教师通过回放课始的图片并提出问题，进一步排除或验证了学生的猜测，学生的思维很自然地转向了"空气中的水蒸气"，教学难点迎刃而解。】

3. 解释凝结现象

师：我们刚才通过实验观察、仔细推理发现，水珠的形成与两方面的原因有关。哪位同学结合我们今天的发现来解释一下眼镜片和可乐瓶上的水珠是怎样形成的？

（学生将水珠的形成过程完整地描述出来。）

【设计意图：教师为学生搭建了各种各样的"脚手架"，使学生积累了大量的感性经验，顺利地实现了概念的转化与理解。】

四、联系拓展，深化理解

（课件出示布满水珠的玻璃窗的图片，教师解释现象；出示人造降雨图片，教师讲解凝结的作用。）

师：想一想，镜片上、可乐瓶上的水珠会永远存在吗？

（学生思考、回答。）

师：最后我们做一个小游戏"我该怎么办"。请几名同学扮演空气中的水蒸气，老师扮演冷热不同的物体。根据老师喊出物体的冷热程度，请你先想一想"我该怎么办"，再模拟凝结或蒸发现象中水蒸气的聚集和分散运动过程。

（师生做游戏。）

【设计意图：拓展运用，使知识回归生活，实现了概念的迁移，增加了学生学习科学的兴趣。】

### 教学设计特色 >>>

本节教学内容较为抽象，小学三年级学生不易理解。多次组织教学后发现，学生的学习效果皆不佳，因此教师勇于创新，灵活使用教材，在大单元教学目标不变的前提下对教材中的内容做了前后顺序的调整，经过实践，学生学习得较为扎实有效，学习兴趣较浓厚。

首先，本节课充分尊重学生已有的认知经验，找准了教学的起点，利用新旧经验的认知冲突帮助学生实现了科学概念的意义建构。

其次，教师为学生提供了丰富的有结构性的实验材料。学生对水珠从哪里来有不同的猜测，为了验证学生的猜测，教师准备了多组实验活动，利用有结构的实验材料为学生搭建了建构科学概念的"脚手架"。

本课教学活动的设计符合小学三年级学生的认知规律、年龄特点和心理特征。只有充分尊重学生的这些特质，我们的科学课堂才会趣味无穷，使学生爱科学、乐于研究。

附：

一、板书设计

水珠从哪里来

假设：

1. 可能与冷、温度低有关　　　　　　　　　　　　　（成立）
2. 可能是杯子里的冰化成的水蒸气"跑"出来了　　　（不成立）
3. 可能是杯子里的冰化成水从里面"钻"出来了　　　（不成立）
4. 可能是空气中的水蒸气遇冷形成的　　　　　　　　（成立）

二、学生记录单设计

实验记录单

第_____小组

|  | 手的感受 | 杯子外壁的现象 | 我的发现 | 我的新假设 |
| --- | --- | --- | --- | --- |
| 装冰块的杯子 | 温度（　） | （　）水珠 | 实验现象说明杯子外壁的水珠与（　　）有关 |  |
| 装自来水的杯子 | 温度（　） | （　）水珠 |  |  |

## 三、教学评价设计

**学生学习评价表**

| 评价内容 | 评价要求 | 自评 | 小组评价（互评） | 累计评价 |
| --- | --- | --- | --- | --- |
| 学习态度 | 上课认真听讲 | | | |
| | 积极准备实验材料 | | | |
| | 积极思考，善于发现问题 | | | |
| 学习过程 | 认真实验 | | | |
| | 获得实验证据，得出结论 | | | |
| | 认真做好实验记录 | | | |
| 合作与交流 | 善于合作 | | | |
| | 能与同学交流自己的发现 | | | |
| | 认真倾听同学的汇报 | | | |
| | 对同学的表现能公正地评价 | | | |
| 方法与技能 | 观察、记录、归纳、总结能力 | | | |
| | 小组合作解决问题的能力 | | | |

# 创新实验模型，加深学生体验
## ——"雨的形成"教学课例

河北省石家庄市南马路小学　苑少梅

### 教育理论指导 >>>

学生是科学学习的主体，科学课程要面向全体学生；科学学习要以探究为核心；科学课程的内容要满足社会和学生双方面的需要；科学课程应具有开放性，应能促进学生科学素养的形成与发展。

### 教材分析 >>>

本课是冀教版小学科学四年级下册"物质的状态"单元中的内容。本课是在学生了解了天气变化的基础上，对水的三态变化现象继续进行的探索，从而使学生对天气变化的原因有更深入的了解，从中初步体验自然现象的变化规律。

### 学情分析 >>>

小学四年级学生的思维正处于由形象思维向抽象思维过渡的阶段，具有一定的抽象思维，但仍以形象思维为主；他们的感情容易激起和爆发，不易控制；他们的自我意识逐渐发展，评价能力正在形成，往往能提出自己的见解，但不善于做出全面的评价。

另外，在前面的学习中，学生研究了蒸发的快慢，知道了如何加快蒸发的速度，了解了水由固态变成液态再变成气态的过程，认识了凝结现象。

## 教学目标

1. 知识与技能

能对雨的形成过程做出猜想。

2. 过程与方法

能设计实验验证自己的猜想。

3. 情感态度与价值观

愿意关注科学技术的发展给人们的生产和生活带来的变化。

## 教学重难点

通过实验探究雨的成因，设计出相关实验。

## 教学准备

教师准备：酒精灯，火柴，铁架台，自制雨的形成实验装置，冰块，多媒体课件。

学生准备：查阅相关资料。

## 教学方法

第一，利用多媒体创设情境，吸引学生的注意力，激发学生学习的积极性。

第二，利用问答法逐步启发学生进行科学探究，培养学生的创新思维。

第三，组织学生进行小组合作，共同完成学习任务。

第四，利用多媒体课件演示实验操作步骤。

## 教学过程

一、情境导入，提出问题

（播放《西游记》中求雨的视频片段。）

师：他们在干什么？

生：求雨。

师：在现实生活中，用拜神这样的办法能求来雨吗？

生：不能。

师：既然不能求来雨，那雨到底是怎样形成的？这节课我们一起来探究"雨的形成"。

【设计意图：从学生喜欢的音像情境出发，激发他们的探究兴趣和欲望。】

二、假设成因，形成原型

1. 认识什么是雨

师：同学们都见过雨，雨是什么？

生：雨是小水滴。

师：那么所有的小水滴都是雨吗？

生：不是。

师：雨是天上连续不断掉下来的小水滴。

2. 猜想假设

师：同学们上节课做了水蒸气凝结的实验，（出示实验装置图片）大家还记得玻璃片上的小水珠是怎样形成的吗？

生：水蒸发成水蒸气，遇到冷的玻璃片凝结成了小水珠。

师：要形成小水珠必须有什么呢？

（学生讨论，教师引导学生说出水蒸气和冷的物体。）

【设计意图：使学生意识到雨的形成过程必不可少的两个要素，即水蒸气、遇冷。】

师：空中的水蒸气是怎样形成的？冷的物体又是什么呢？

（教师引导学生说出：地面上的水受热变成水蒸气，水蒸气上升到高空，遇到冷的云层，凝结成小水滴。）

【设计意图：猜想是一种由问题直接预测结果的思维方式，学生在猜想过程中可以充分展开想象的翅膀，这是训练学生创新思维的绝好机会。】

三、分析比较，设计模型

1. 模型诱导，启迪思路

师：上节课我们做过水蒸气凝结的实验，大家有没有发现实验中小水珠形成的过程和我们猜想的雨的形成过程很相似？我们能用这个装置来模拟下雨吗？

（有的学生说能，有的学生说不能，教师引导他们分析模拟下雨的实验和凝结实验有哪些相同点和不同点。）

生：相同点是都要有水蒸气和冷的物体。

生：不同点是凝结实验中凝结成的小水珠没有掉落下来，模拟下雨的实验中要让它们连续不断地掉落下来。

【设计意图：通过对比，让学生发现小水珠连续不断地掉落下来才是雨，从而为学生设计下雨实验做好铺垫。】

师：只要让小水珠连续不断地掉落下来，就可以模拟下雨了。我们具体该怎么办？

生：可以让水蒸气再多一些。

生：让玻璃片再冷一些。

师：水蒸气多了有什么作用？物体更冷了有什么作用？

生：可以使小水珠变大，加快掉落。

【设计意图：使学生意识到雨的形成需要足够多的水蒸气和足够冷的环境。】

2. 自主设计，形成方案

师：用什么办法可以产生大量的水蒸气呢？怎样制造足够冷的环境让凝结成的小水珠连续不断地掉落下来呢？小组内讨论一下，将你们的方法简单地记录下来。

（学生小组内讨论，全班汇报。）

【设计意图：教师是学生学习活动的引导者。设计实验对于小学四年级的学生来说还比较难，所以教师用问题引发学生思考，培养学生的创新思维能力。】

3. 集中引领，形成模型

师：同学们选用的材料虽然不一样，但方法是一样的，都是用热源给水加热从而得到更多的水蒸气，用冰块制造一个更冷的环境从而让水蒸气尽快凝结。老师在你们的启发下也设计了一个模型，（出示实验装置图片）接下来我们就用这个装置来做实验。

四、实验观察，形成知识

1. 掌握方法，实验观察

（课件演示实验操作步骤动画，出示温馨提示。）

师：实验中要注意观察水在什么条件下是怎样变化的，并及时记录观察到的现象。

（学生进行实验，教师巡回指导。实验完毕，教师引导学生交流实验情况及实验现象。）

2. 交流汇报，得出结论

师：实验中你看到了什么现象？

生：沸腾、白汽、水珠。

师：请大家根据以上现象说一说水珠是如何形成并掉落下来的。

生：水蒸发成水蒸气，水蒸气上升，遇冷凝结成小水珠并越聚越大，最终掉落形成"雨"。

【设计意图：通过交流汇报引导学生关注现象，然后分析问题，形成知识。】

3. 类比联想，形成知识

(1) 类比联想，初步感知

师：这就是我们在实验中模拟下雨的过程。那么，自然界中的雨是怎样形成的呢？实验中的材料分别相当于自然界的什么？我们一起来推想一下。

（学生推想雨的形成过程。在学生说的同时，教师将自制的图画张贴到相应位置。）

(2) 视频验证，形成知识

师：这是我们自己推想的雨的形成过程，那雨到底是不是这样形成的呢？我们通过一段视频来看一看。

（播放视频，学生观看。）

师：如果在冬天，地面温度很低，这时降落下来的是什么呢？

生：雪。

师：通过这一单元的学习，我们发现，水蒸发变成了水蒸气，水蒸气遇冷凝结成了水，遇到更冷的环境凝固成了冰，冰遇热融化成了水。水的三种状态是可以相互转化的。

五、运用知识，设计创新

1. 解释人工降雨现象

师：这节课我们认识了雨这一自然现象。如果有的地方长时间不下雨，出现了干旱，该怎么办呢？

生：可以人工降雨。

师：根据雨的形成条件，人工降雨需要什么条件？

生：需要水蒸气、冷空气。

师：这两个条件缺一不可。具备了这两个条件后，我们该怎么做呢？让我们一起来看看人工降雨的过程。

（播放视频，学生观看。）

2. 设计人工除雨

师：人工降雨的基本原理是什么？

（学生自由发言。）

师：人工降雨可以为干旱的地方带来雨水，缓解旱情。可是有的地方雨水过多，常发生水灾，这里的人们特别希望少下点雨，你能帮忙想个办法进行除雨吗？请同学们结合人工降雨的原理，课后想一想人工除雨的办法。

【设计意图：使学生认识到科技可以改变生活，为人类带来好处，激发学生不断学习新知识，用所学知识改变生活中的不利因素。】

### 教学设计特色 >>>

1. 教学思路新颖

设计本节课时，教师打破了"提出问题—出示模型—实验验证—总结结论"的原有授课思路，大胆地将课的思路按照"由原型到模型，再由模型推想原型"扩展为"情境导入，提出问题—假设成因，形成原型—分析比较，设计模型—实验观察，形成知识—运用知识，设计创新"。

2. 实验模型构思独特

为了达到更好的实验效果，教师摈弃了常规的实验模型。因为利用常规实验模型做实验，雨滴下落需要的时间长，而且只有一滴水在下落，这不能很好地诠释雨的概念。为了使学生在短时间内看到连续不断掉落的雨滴，教师设计了如下实验模型。

这个实验模型依然用酒精灯作为热源进行加热，但它与常规实验模型的不同之处有三点：① 将常规实验模型中的石棉网、烧杯去掉，改为直接给用易拉罐做成的小锅加热，加快了水蒸发的速度，从而解决了在短时间内得到大量水蒸气这一问题。② 将常规实验模型中的蒸发皿和冰块改为使用一整罐冰，这样就具备了足够冷的环境和足够大的受冷面积，使更多的水蒸气能快速地凝结成小水珠并汇集在一起。为了加快小水珠的汇集，教师还将易拉罐平整的底部做成了四个凸起，改变了"一点下雨"的状况，"多点降雨"使实验现象更逼真。③ 在加热过程中，为了避免部分水蒸气流失，教师在易拉罐周围加了像裙子一样的塑料罩，这起到了将水蒸气收集到易拉罐周围的作用。

**附：**

## 一、板书设计

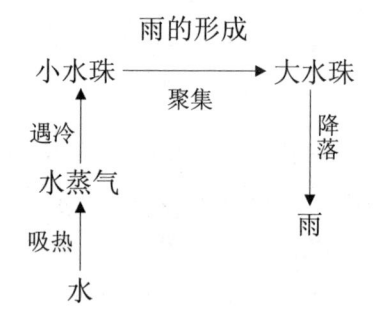

雨的形成

小水珠 —聚集→ 大水珠

↑遇冷 ↓降落

水蒸气 雨

↑吸热

水

## 二、学生记录单设计

**实验记录单**

| 装冰的易拉罐周围发生了什么现象？ |
|---|
| 实验中的"雨滴"的形成过程是怎样的？你能回答出来吗？ |

## 三、教学评价设计

**学生学习自评表**

小组成员：_____    ___年___月___日

| 学习活动自评 | ☺ | 😐 | ☹ |
|---|---|---|---|
| 我能对雨的形成做出自己的猜想 | | | |
| 我愿意与小组成员交流自己的想法 | | | |
| 我愿意和小组成员合作完成实验 | | | |
| 我能说出雨的形成过程 | | | |

# 生命科学教学课例篇

# 积极为学生搭建合作、探究的平台
## ——"把种子散播到远处"教学课例

河北省邯郸市涉县龙北小学　刘凤霞

### 教育理论指导 >>>

小学科学课程标准指出，科学课程应向学生提供充分的科学探究机会，使他们在主动参与的过程中体验学习科学的乐趣，提高对自然界各种现象和规律的探究能力，获取科学知识，形成尊重事实、善于质疑的科学态度，有效实现三维目标的整合。

### 教材分析 >>>

本课是教科版小学科学四年级下册"新的生命"单元中的内容。本单元旨在帮助学生建立起繁殖的概念，让学生认识到物种并不会因为个体的死亡而消失，而是可以通过繁殖产生新的生命，使物种得以延续。

### 学情分析 >>>

在三年级的"植物"单元，学生已经历了对凤仙花种子的观察。而且，在农村长大的学生对大自然中的植物种子有一些基本了解，只是对其结构了解得较少。在以上基础上进行教学，是以小学生先前的经验为起点，从他们熟悉的具体事物着手开展教学，遵循由易到难、由具体到抽象、由简单到复杂的循序渐进的原则，与学生的认知结构和心理发展水平相适应，这样能更好地促进学生的全面发展。

## 教学目标

1. 知识与技能

（1）知道植物传播种子有不同的方式，都是为了能将种子散布得更广，有利于繁殖后代。

（2）了解种子和果实的外部形态、结构与种子的传播方式之间是有联系的。

2. 过程与方法

（1）在观察的基础上进行合理的假设。

（2）利用测量、实验等方式寻找证据，验证推测过程。

3. 情感态度与价值观

（1）有探究植物种子传播方式的欲望。

（2）培养亲近大自然、热爱大自然的意识，以及对周围事物的好奇心。

## 教学重难点

了解植物传播种子的不同方式，以及种子和果实的外部形态、结构与种子的传播方式之间的关系。

## 教学准备

教师准备：凤仙花、豆类、苍耳、蒲公英、莲蓬等植物的果实和种子，一些展示植物种子传播方式的图片和视频资料。

学生准备：查阅相关资料。

## 教学方法

在本课教学中，主要采用自主学习教学法、讨论教学法、任务驱动教学法、科学探究发现教学法、实验探索法等。

## 教学过程

一、创境生疑

（播放视频：秋天，到处是丰收的景象，农作物都成熟了，种子们也争先恐后地把自己传播出去，为繁育后代打下基础。）

师：种子真有办法，大家想不想知道它们是如何散播出去的呢？

【设计意图：激发学生的兴趣，促使他们产生探究的欲望。】

二、探索体验

1. 观察凤仙花、豆类作物传播种子的方式

（分发凤仙花、豆类作物的果实。）

师：看一看，摸一摸，说说凤仙花和豆类作物果实的外部特征。

（学生观察，全班交流。）

师：想一想，议一议，它们的种子包在果荚里，怎样才能散播出去呢？

（学生讨论、回答。）

师：捏一捏，试一试，种子能不能弹射出来？

（学生动手探究。）

师：大胆猜想一下，它们的种子的特点适合用怎样的方式来传播呢？

（学生讨论，全班交流。）

师：我们看看大自然中的凤仙花、豆类作物是不是这样的。

（播放凤仙花、豆类作物散播种子过程的视频。）

师：像凤仙花、豆类作物等在成熟后不依靠外力，自动爆裂，将种子像子弹一样弹射出去，这种散播种子的方式叫自体传播，也叫弹射传播。油菜种子也是自体传播的。

【设计意图：教材以油菜果实作为观察研究的对象，教师则因地制宜，选取当地最常见的凤仙花、豆类作物的果实作为观察研究的对象，从实际出发，更容易激发学生的兴趣。】

2. 研究其他植物传播种子的方式

师：自体传播种子的距离有限，那么种子还有其他的传播方式吗？

（学生讨论，教师总结。）

师：老师要将大家按照其他植物传播种子的方式分为动物传播、风传播、水传播三组，请大家按课件上出示的自学提示自学。

（课件出示自学提示，学生自学。）

师：下面我们来认识其他植物种子传播的方式。

（课件出示苍耳、野葡萄、蒲公英、莲蓬等种子的传播方式图。）

（1）动物传播组

研究计划：研究苍耳和野葡萄传播种子的方式。

研究步骤："比"，它们和凤仙花种子外形的不同；"看"，苍耳的表面有什么特殊结构；"试"，触碰苍耳会产生什么现象；"说"，推测苍耳的传播方式；"想"，野葡萄不具备苍耳的外表，它怎样传播种子；"忆"，回想自己平时如何吃葡萄。

研究结果：苍耳的果实具有黏附在动物皮毛上的钩刺，野葡萄的果实具有鲜美的味道，可以吸引动物来吃。它们都是靠动物传播种子的。

（2）风传播组

研究计划：研究蒲公英传播种子的方式。

研究步骤："看一看"，蒲公英种子有什么特点；"吹一吹"，看看它们的运动情况；"猜一猜"，蒲公英传播种子的方式是什么；"说一说"，说出自己的推测。

研究结果：蒲公英的种子上长有羽毛，有风时，种子可以随风飘扬。它是靠风传播种子的。

（3）水传播组

研究计划：研究莲蓬传播种子的方式。

研究步骤："剥一剥"，莲蓬里面有什么；"想一想"，种子会不会腐烂；"看一看"，种子有什么特点；"议一议"，莲蓬如何传播种子。

研究结果：莲蓬表面很光滑，不沾水，果实很轻，可以浮在水面上。它是靠水传播种子的。

【设计意图：将学生分组，引导他们确定研究计划、研究步骤，最终得出研究结果，有助于培养他们的自学能力与合作能力。】

师：同学们经过动手、动脑，想必答案已经跃然纸上了吧。大家想不想看一看大自然中植物是怎样传播种子的呢？

（播放视频，学生观看。）

师：植物传播种子的方式是多种多样的，传播方式与它们自身的形态、结构和环境因素有关。大自然中诸如此类的奥秘还有很多，希望大家主动去寻找、去揭示。

三、拓展延伸

师：树木也可以散播种子，大家觉得奇怪吗？快来看一看吧！

（学生自学教材中的《你知道吗？》，了解树木可以依靠风力超长距离散播种子。）

【设计意图：这一环节可以开阔学生的视野，培养学生亲近大自然、热爱大自然的情感。】

四、教师寄语

师：希望大家能像聪明的植物一样，快乐地动眼、动口、动手、动脑，想出聪明的办法，轻松地探究科学的奥秘，勇攀科学高峰。

**教学设计特色** >>>

  本节课主要以合作、探究为核心，以学生的发展为主旨，让学生自主地发现问题，大胆地质疑、猜测，以小组合作的形式解决问题，让"观察—假设—推测—验证"的科学探究过程贯穿始终。课上，学生充分地进行自学、互学、群学，调动了学习的积极性、主动性，培养了良好的学习习惯，提高了科学探究、归纳概括等能力。

**附：**

  一、板书设计

|  |  | 把种子散播到远处 |
| --- | --- | --- |
| 自体传播（弹射传播） | 凤仙花…… | 不依靠外力，果皮有弹性 |
| 动物传播 | 苍耳…… | 有钩刺，果实美味 |
| 风传播 | 蒲公英…… | 有羽毛 |
| 水传播 | 莲蓬…… | 表面光滑，轻 |

  二、学生记录单设计

**实验记录单**

| 植物的名称 | 种子（果实）的特点 | 散播方式 |
| --- | --- | --- |
|  |  |  |
|  |  |  |
|  |  |  |
|  |  |  |

## 三、教学评价设计

**学生学习自评表**

| 评价项目 | ☺☺☺ | ☺☺ | ☺ |
|---|---|---|---|
| 我了解了不同植物有不同的传播种子的方式 | | | |
| 我在小组里大部分时间踊跃参与，表现积极 | | | |
| 我能认真聆听其他人的回答，并大胆质疑和补充 | | | |
| 我能用所学知识解决生活中的问题 | | | |
| 总评 | | | |

# 以自主学习为主，关注全体学生发展

## ——"生命从哪里来"教学课例

河北省衡水市河西小学　陈惠芳

### 教育理论指导 >>>

小学科学课程标准指出，科学学习要以探究为核心，在课堂上应向学生提供充分的科学探究机会，使他们体验到学习科学的乐趣，从而培养学生良好的科学素养。本节课以注重多领域学习内容，全面培养学生的科学素养为原则，突出科学、技术、社会、环境的联系，从而调动学生关注科学未解之谜的兴趣。

### 教材分析 >>>

本课是冀教版小学科学五年级下册"生物的进化"单元中的内容。

### 学情分析 >>>

小学五年级的学生通过两年的学习，思维正由形象思维向抽象思维发展，但这种抽象思维仍然需要直观形象的支撑，因此，在学生思维发展的过程中，教师要从现象和事实出发，帮助学生进行概括和总结，得出结论，发展他们的科学探究能力。

### 教学目标 >>>

1. 知识与技能

能用自己的话描述关于生命起源的各种观点。

2. 过程与方法

（1）能通过各种方法搜集关于生命起源的各种资料。

（2）能有根据地判断哪一种关于生命起源的观点最有说服力。

（3）能通过比较发现各种观点的合理之处和荒谬之处。

（4）能用科学短文描述自己对"外星是否有人存在"问题的看法。

3. 情感态度与价值观

（1）能够正确看待有关生命起源的各种观点。

（2）能将自己的短文与其他同学分享交流。

**教学重难点** >>>

通过搜集、阅读、整理等方法探究生命起源的问题；体会科学技术在探究人类未解之谜的过程中发挥的巨大作用。

**教学准备** >>>

教师准备：多媒体课件。

学生准备：查阅相关资料。

**教学方法** >>>

引导学生通过查阅、分析和整理资料以及讨论等不同方式，探究有关生命起源的问题，为学生创造亲身经历科学探究过程的机会，激发学生主动参与科学学习的兴趣，培养学生形成尊重事实、勇于质疑的科学态度。

**教学过程** >>>

一、搜集有关生命起源的观点

1. 提出问题

师：大家是否想过有关生命起源的问题？请根据课前搜集的资料，谈谈自己的想法。

（学生谈想法。）

【设计意图：这个过程既是对学生课前准备情况的检查，也是下一环节的铺垫。】

2. 阅读教材

师：请读一读教材上的这部分内容，然后谈谈自己的想法。

（学生先自学，再讨论、交流。）

【设计意图：教材选取了历史上比较有代表性的关于生命起源的三种观点，即神创论、自生论、化学进化学说，体现了人类认识问题的方法逐渐趋于科

学，使学生体会到科学依据在科学研究中的重要作用。】

3. 填写记录单

师：大家课前搜集了不少资料，刚才又学习了教材上的内容，交流了各自的想法。现在请将自己的想法进一步整理和概括，填写记录单。

（学生填写记录单，教师组织学生集体讨论。）

【设计意图：通过填写记录单、集体讨论，进一步明确观点，培养学生的概括能力和表达能力。在讨论过程中，学生的认识会不断深化，得出的结论也会更加科学。】

二、讨论地球以外是否有生命

1. 辨别真伪

师：大家搜集的资料很多，但是有一些是有科学依据的，有一些则是虚构的，缺乏科学依据。现在，请睁大你的双眼，仔细分析、辨别一下。

（学生交流已有的信息，教师引导学生分析。）

师：经过一番讨论和鉴别，我们找到了那些有科学依据的资料。请大家对照教材，整理自己的资料卡，并将整理好的资料卡存放于科学文件夹中。

（学生整理资料卡。）

【设计意图：这一环节主要锻炼学生的辨别能力和动手能力，使他们产生科学探究的意识，学会把有价值的资料进行归类整理。】

2. 知识延伸

师：请阅读教材中的"科学在线"，了解更多关于生命起源的知识。

（学生自主阅读。）

师：直到现在，还有许多关于生命起源的问题没有弄清楚。近几年来，人类一直在不断地探索着外星有无生命的问题。希望大家长大以后也能成为生命科学的探索者。

3. 布置作业

师：同学们可以将自己的真实想法写成科学短文。短文要有观点、有理由，能够清楚地表达出自己的想法。

**教学设计特色** >>>

本课的教学设计以学生的自主学习为主，教师的辅导为辅，采用小组合作学习的方式，关注全体学生的发展，重视使每个学生的科学素养在原有基础上有所提高。课上不失时机地让学生填写记录单，课下又及时地对这一节课的教学效果进行评价，并在课前和课中指导学生通过搜集、阅读、整理、分析资料

等方法探究生命起源的问题，使学生体会到科学技术在探究人类未解之谜的过程中发挥的巨大作用。

**附：**

一、板书设计

生命从哪里来

女娲造人、上帝造人　　　　　　神话传说

由非生命物质直接转化而来　　　腐肉生蛆

地球以外有无生命　　　　　　　米勒模拟实验

到底生命从哪里来　　　　　　　等待我们去继续研究

二、学生记录单设计

**生命起源观点记录单**

| 序号 | 观点 | 依据 |
| --- | --- | --- |
| 1 |  |  |
| 2 |  |  |
| 3 |  |  |
| 4 |  |  |
| 5 |  |  |

三、教学评价设计

本课教学采用问卷调查法进行评价。以下为问卷内容。

请同学们学习之后，在相应的括号内打"√"。

1. 能认真搜集资料，并正确提炼有关生命起源的观点。

　　（　　）完全能做到

　　（　　）部分能做到

2. 能通过一些渠道搜集有关生命起源的观点的资料。

　　（　　）能通过多种渠道

　　（　　）能通过一种渠道

3. 能用文字、表格记录有关生命起源的观点。

　　（　　）能用多种方式

　　（　　）能用一种方式

4. 能用自己的话归纳有关生命起源的观点。

   （   ）能

   （   ）不能

5. 能用自己的话解释地球以外有无生命存在的问题，并有一定的说服力。

   （   ）能

   （   ）不能

6. 能记录全班同学共同搜集的或课上学到的有关知识。

   （   ）记录全面、准确

   （   ）只能记录一部分

本课评价分四个等级：

(1) 六项内容全能做到的，评价等级为优秀；

(2) 六项内容有五项能做到的，评价等级为良好；

(3) 六项内容有四项能做到的，评价等级为合格；

(4) 六项内容能做到不足四项的，评价等级为不合格。

# 由浅入深，由简到繁，逐步解决问题
## ——"根和茎"教学课例

河北省廊坊经济技术开发区大官地小学　张普友

### 教育理论指导 >>>

科学是一门以问题为中心、以实验探究活动为主的学科。小学科学课程是以培养学生的科学素养为宗旨的科学启蒙课程，学生是学习的主体。科学课程应具有开放性，应该给学生提供选择的机会和创新的空间。教学时，教师要做到"用教材教"而不是"教教材"。

### 教材分析 >>>

本课是冀教版小学科学五年级上册"生物生长的需要"单元中的内容。本课教材呈现了各种各样的根和茎，以便学生在观察和比较中进行区分和概括，探究根和茎的作用。

### 学情分析 >>>

在三年级上学期，学生已经了解了植物的各种器官，对植物生长的条件也有了基本的认识；在本册前三课的学习中，学生懂得了影响植物种子萌发和植物怎样才能长得更好的条件。这些知识为学生进一步研究根和茎的作用打下基础。

### 教学目标 >>>

1. 知识与能力

（1）能说出根的特征和作用。

（2）能根据植物器官的特点进行分类。

(3）能通过植物器官的特点及生活环境推测出这些器官的功能。
2. 过程与方法
（1）能结合已有的生活经验，完整地归纳出根的作用。
（2）能与小组其他同学分工合作，分别独立设计实验验证自己的推测。
3. 情感态度与价值观
能仔细观察实验现象并实事求是地进行记录和分析。

### 教学重难点 >>>

结合自己的生活经验认识各种各样植物的根，研究根在植物的生长过程中所起的作用。

### 教学准备 >>>

教师准备：多媒体课件，各种小草、野菜、香菜、芹菜、白萝卜、胡萝卜及操场上菜园中各种蔬菜的全株，红墨水和蓝墨水，去掉上半部的透明饮料瓶，水，食用油。

学生准备：自己带一棵植物全株。

### 教学方法 >>>

教师在设计本课时，放手让学生准备实验材料；猜想根的作用时，适当补充资料，进行启发，帮助学生猜想；设计实验时，允许学生大胆创新，提出自己的意见，同时把科学探究延伸到课下，培养学生认真观察、及时记录的科学素养。

### 教学过程 >>>

一、回忆旧知，质疑导入

师：同学们，上节课我们讲过怎样使植物长得更好，谁来说说怎样使植物长得更好？（适宜的温度、充足的光照、适量浇水、施肥、除害虫等）我们知道植物的茁壮生长离不开水和肥料，那么植物是怎样获得水和营养的呢？

（学生讨论。）

师：每到春天，四年级学生因科学教学的需要总会在我们学校操场东南角的小菜园里种一些蔬菜。茄子苗、辣椒苗及西红柿苗都是从集市上买来的，买来时这些菜苗的根部都有一些很湿的土，有时还用塑料袋裹住，谁知道这是为什么？能用我们所学的知识解释吗？

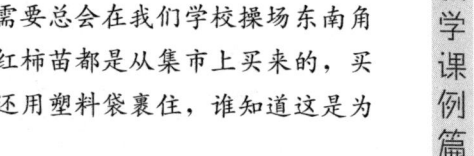

（学生猜测。）

师：今天我们就来学习植物的根和茎，探究根和茎的作用。

【设计意图：魏书生老师说："好的导语像磁铁，一下子把学生的注意力聚拢起来，好的导语又是思想的电光石火，能给学生以启迪，催人奋进。"通过创设情境、提出问题引入新课，让学生根据问题来开展实验活动，使学生在"做中学"，并在活动的过程中获取新知识。】

二、认识植物的根

师：课前老师要求每个人都带一株植物来，现在请观察自己带来的植物，找出植物的根。

（学生观察。）

【设计意图：引导学生自主学习，教会学生学习的方法，逐步培养他们独立获取知识的能力。】

师：下面以小组为单位，对本组各种植物的根进行比较，研究它们的相同点和不同点，总结根的共同特点。

（小组研究，全班交流。）

师：在我们的生活中，有各种各样的植物的根，我们一起来看一下。

（课件出示不同植物根的图片，学生观察，说出它们的不同之处。）

【设计意图：小学科学课程标准建议"用教材教"而不是"教教材"。为学生提供丰富的材料，能够开阔学生的视野，有利于学生对植物的根进行分类。】

师：请大家根据根的不同特点进行分类，并说出这样分类的理由。

（小组合作，全班交流。）

三、研究根的作用

（课件出示各种根的作用的相关图片。）

师：请你结合课件上的图片以及教材上的图文，试着研究根的作用。

（学生思考、猜想。）

【设计意图：在这里补充一些图文资料，符合逻辑学原理，有利于学生进行猜想。】

1. 支持与固定

（课件出示山顶上的树的图片及郑板桥的诗《竹石》。）

师：通过这张图片和这首诗想一想根的作用是什么。

（学生思考、回答。）

师：因此，根有支持和固定植株的作用。

2. 吸收水分和无机盐

师：同学们看看我们教室里养的几盆花，隔几天就要浇——

生：水。

师：最后，这些水被谁吸走了？

生：根。

师：我们吃西瓜时，西瓜里有很多汁水，这些水哪来的？

生：是根从土壤里吸收的。

师：根具有吸收水分和无机盐的作用。

3. 防止水土流失

师：在语文课中我们学过文章《黄河是怎样变化的》，怎样防止黄河两岸的泥沙在雨季随雨水流入黄河？

生：多种草和树木，保护植被。

师：为什么多种草和树木就能减少泥沙流入黄河？

生：因为根能将水土固定。

师：所以，根具有防止水土流失的作用。

4. 储藏（贮存）营养

师：胡萝卜是十分有营养的，它是植物的哪一部分？

生：根。

师：类似的有营养的根还有哪些？

（学生举例。）

师：除了食用之外，有些植物的根还可以入药，如人参等药材。根具有储藏（贮存）营养的作用。

5. 繁殖

师：除此之外，有些植物的根还有繁殖作用，如大丽花、红薯等。

【设计意图：采用多种方式，从学生的实际出发，以启发学生的思维为核心，调动学生的学习主动性和积极性，促使他们生动活泼地学习。】

四、设计实验，验证猜想

师：从以上我们所归纳的根的作用中选择1至2个，设计实验进行研究。

（教师指导实验选题，学生设计实验。）

师：下面请大家选择材料，正式开始做实验吧！

（学生做实验，记录观察到的现象。有些实验需要的时间长，需要课下继续做，教师下发记录单，供学生课下观察记录。）

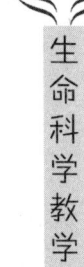

### 五、小结

师：现在想一想我们上课一开始提出的问题，卖菜苗的人为什么用塑料袋和湿土保护菜苗的根部？

（学生交流、讨论。）

师：说一说这节课你有什么收获。

（学生谈收获。）

## 教学设计特色 >>>

科学探究总是由问题开始，然后解决问题，最后达到实际应用的目的。为此，教师在设计本课时，从生活实际——买菜苗出发，导入课题，创设教学情境，以达到激发学生的好奇心和求知欲的目的，使科学教学充满乐趣。在以往的教学中，实验材料总是由教师准备，这次教师改成让学生每人带一棵植物的全株，学生十分高兴，最终也达到了让学生在玩中学的目的。另外，据以往的教学经验，若做根吸收水分的实验，课堂实验时间太短，学生无法看到实验现象，于是，教师让学生把实验延伸到课下继续进行，这样做可以培养学生长期进行科学实验的耐心。

## 附：

### 一、板书设计

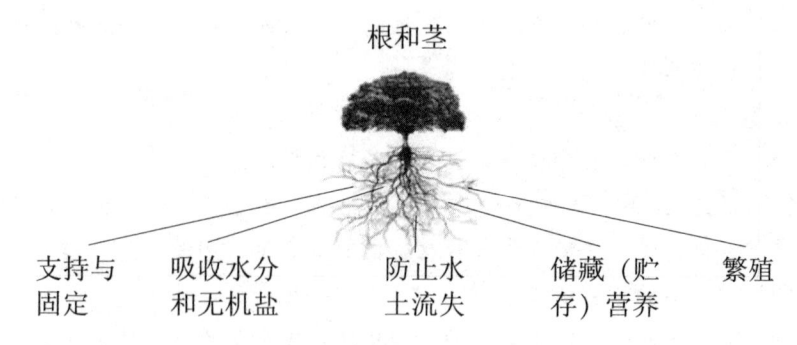

根和茎

| 支持与固定 | 吸收水分和无机盐 | 防止水土流失 | 储藏（贮存）营养 | 繁殖 |

## 二、学生记录单设计

**植物根吸收水分的实验报告单**

|  | 瓶内有植物 | 瓶内没有植物 |
|---|---|---|
|  | 液面距离瓶底的高度（厘米） | 液面距离瓶底的高度（厘米） |
| 实验开始 |  |  |
| 一天后 |  |  |
| 两天后 |  |  |
| 三天后 |  |  |
| 我的发现 |  |  |
| 我的结论 |  |  |

**植物根吸收无机盐的实验报告单**

|  | 实验现象 |
|---|---|
| 一天后 |  |
| 两天后 |  |
| 三天后 |  |
| 我的发现 |  |
| 我的结论 |  |

## 三、教学评价设计

评价目的：促进学生实验的积极性，以及对科学探究的耐心。

评价方法：他评、自评和师评。

评价内容：见下表。

**学生学习评价表**

| 评价他人 | | 评价自己 | | 教师评价 |
|---|---|---|---|---|
| 评价项目 | 评价等级（三颗五角星为最高等级） | 评价项目 | 评价等级（三颗五角星为最高等级） | |
| 谁带的植物最好 | | 我带的植物很棒 | | |
| 谁发言最积极 | | 能综合考虑各组的实验结果，概括根的作用 | | |
| 设计实验时谁最爱动脑筋 | | 设计实验时我能积极地参与 | | |
| 谁观察得仔细、记录得详细 | | 能与同学分工合作，共同完成实验 | | |

# 以操作为主线，建构概念，获得知识
## ——"蚯蚓的选择"教学课例

河北省三河市杨庄小学　杨书平

### 教育理论指导 >>>

小学科学课程是以培养学生的科学素养为宗旨，积极倡导学生亲身经历以探究为主的学习活动，培养他们的好奇心和探究欲，使他们学会解决问题的策略，为他们终身的学习和生活打好基础。

### 教材分析 >>>

本课是教科版小学科学五年级上册的教学内容，属于"生物与环境"单元。学生在三、四年级的科学学习活动中，已经对生物体的基本特征进行了观察和研究，本课在此基础上带领学生进一步研究生物与环境的关系，使学生建立起初步的关于动物与环境关系的认识，为后续学习打好基础。

### 学情分析 >>>

学生在三年级已经学习了蚯蚓的身体结构及其能对外界的刺激做出相应的反应，这为本课的学习奠定了良好的基础。

另外，五年级的学生已经掌握了一定的科学学习技能，如观察、记录、简单实验等。在本单元中，他们将通过研究生物与环境的关系，掌握对比实验的探究技能，增强运用数据对实验现象进行分析、解释的能力。

### 教学目标 >>>

1. 知识与技能

（1）知道蚯蚓喜欢生活在什么样的环境中。

(2) 了解动物生活需要一定的环境条件。
2. 过程与方法
设计对比实验，掌握对比实验的方法。
3. 情感态度与价值观
(1) 体会自然界中的事物是相互联系的。
(2) 培养热爱小动物的感情。

### 教学重难点 >>>

设计对比实验，了解蚯蚓喜欢的环境特点。

### 教学准备 >>>

教师准备：多媒体课件。

学生准备：查阅相关资料。

分组实验材料：每组准备十条蚯蚓（蚯蚓不好找到，而且反应速度比较慢，如果想获得更好的实验效果，可以使用鼠妇），纸盒两个，干土一袋，湿土一袋，吸水纸，黑笔，手电筒。

### 教学方法 >>>

引导学生利用实物创设情境，把大自然中的实验原型搬到课堂中，通过控制条件进行实验，然后观察、分析与归纳，最终知道动物生活需要一定的环境和条件。

### 教学过程 >>>

一、联系生活，激趣导入

师：我们先来猜猜它是谁。细细长长一条龙，天天躲在泥土中，它是庄稼的好朋友，钻来钻去把土松。

生：蚯蚓。

（课件出示蚯蚓图片。）

师：大家在哪里见过它？我们在哪里比较容易找到蚯蚓？

生：土里。

师：今天我们请来了蚯蚓和我们一起上科学课。

【设计意图：猜谜引趣，以认识朋友的方式导入，使学生产生好奇心。在课堂上展示蚯蚓图片，并联系学生的生活实际提问，唤醒学生的生活体验或间

接经验，为学生猜测蚯蚓喜欢生活在怎样的环境起到启发和暗示的作用。】

二、质疑猜测，引发前概念

师：根据经验，你能大胆地猜测一下蚯蚓喜欢生活在怎样的环境中吗？

生：蚯蚓喜欢黑暗的地方，因为它总爱躲在土里。

生：它喜欢潮湿的地方，因为在这样的地方常常能挖到蚯蚓。

【设计意图：猜想是科学探究的程序之一，是学生在探究之前对研究问题所进行的一种科学预见性思考，是探究活动的主线，是制订探究计划、设计实验方案的前提和依据。】

三、设计实验，探究科学概念

师：看来大家的猜测是有一定依据的。那么到底蚯蚓是不是喜欢生活在黑暗、潮湿的环境中，我们可以怎么证明呢？

生：做实验。

实验一：蚯蚓喜欢阴暗还是光亮的环境对比实验

教师引导学生创设阴暗、光亮两种不同的环境，然后通过讨论、交流、补充逐步完善实验方案，懂得怎样设计对比实验，并知道对比实验中的相同条件和不同条件，明确在对比实验中要严格控制变量，注意收集实验数据，用事实说话。

用到的材料：纸盒一个，蚯蚓五条，吸水纸，黑笔，手电筒。

要改变的条件：光照条件。

不改变的条件：温度、湿度条件。

实验方法：

（1）把纸盒的里面涂成黑色，将盖子的一端剪掉一块（不要太大），在盒子底部铺上吸水纸。

（2）将蚯蚓放到盒子中间，盖好盖子，在剪掉的一端用手电筒照射，五分钟后，打开盖子观察，做好记录。

（3）反复做几次实验。

看到的现象：蚯蚓都爬向了纸盒有盖子的一端。

实验结论：蚯蚓喜欢阴暗的环境。

实验二：蚯蚓喜欢潮湿还是干燥的环境对比实验

学生独立设计实验。

用到的材料：纸盒一个，干燥土壤和湿润土壤，蚯蚓五条。

要改变的条件：土壤的干与湿。

不改变的条件：温度、光照程度。

实验方法：

（1）在纸盒的下部左半部分均匀地铺上一层干土壤，右半部分均匀地铺上一层湿土壤。

（2）将蚯蚓放到盒子中间，观察五分钟，做好记录。

（3）反复做几次实验。

看到的现象：蚯蚓都爬向了铺潮湿土壤的一端。

实验结论：蚯蚓喜欢潮湿的环境。

【设计意图：设计对比实验验证猜测是本节课的重点和难点所在。真正的科学探究包括学生在观察中的思考，强调动手做，更强调动脑想。】

师：通过实验，证明蚯蚓喜欢生活在阴暗、潮湿的环境中。

四、拓展探究，形成科学概念

（课件出示学生不常见的动物图片。）

师：跟蚯蚓一样，各种动物都有自己喜欢的生活环境，你能举个例子吗？

（学生举例。）

师：当动物周围的环境发生变化时，它们就会重新选择生活环境，否则难以生存。谁能举个例子呢？

生：大雁冬天要飞到南方过冬。

生：蛇要冬眠。

师：陪我们上了一节课的蚯蚓朋友，我们该如何对待它们呢？

生：下课送它们回家。

师：不同的动物生活在不同的环境中，动物和环境是相互依存的，所以我们要保护动物生存的环境，也就是保护小动物，爱护大自然。

【设计意图：联系生活，深化运用，让学生意识到科学就在我们身边，生活中处处有科学，激发学生学科学、爱科学的兴趣。同时，引导学生交流、分享搜集到的信息资料，让知识动态化，让课堂生态化。】

## 教学设计特色 >>>

本教学设计注重让学生亲身经历以探究为主的学习活动，注重学生思维的发展，建构"动物生活需要一定的环境条件"的概念。

概念的形成是指从大量的具体例子（肯定例证）中，以归纳的方式抽取一类事物的共同特征，从而获得有关概念。这将促使学生不断形成抽象思维能力，所以要在教学中对学生不断地加以培养。

附：

一、板书设计

蚯蚓的选择<br>阴暗、潮湿<br>动物和环境相互依存<br>保护环境

二、学生记录单设计

**阴暗与光亮的环境对比实验记录单**

| 实验次数 | 待在光亮一端的蚯蚓数 | 待在盒子中间的蚯蚓数 | 待在阴暗一端的蚯蚓数 | 我们的解释 |
|---|---|---|---|---|
| 1 | | | | |
| 2 | | | | |
| 3 | | | | |
| …… | | | | |

**潮湿与干燥的环境对比实验记录单**

| 实验次数 | 待在干燥一端的蚯蚓数 | 待在盒子中间的蚯蚓数 | 待在湿润一端的蚯蚓数 | 我们的解释 |
|---|---|---|---|---|
| 1 | | | | |
| 2 | | | | |
| 3 | | | | |
| …… | | | | |

三、教学评价设计

1. 课堂上的学习效果评价

对学生在课堂上的学习效果评价主要通过实验记录单来进行，目的是评价学生的思维能力、观察能力及认真记录的态度。

层次1：针对科学概念能够积极思考，对对比实验提出合理化建议；记录单上字迹干净、整齐，实验现象记录清楚，项目填写完整、正确。

层次2：针对科学概念能够参与思考，对对比实验提出的建议不全面；记录单上字迹比较干净、整齐，实验现象记录清楚，项目填写完整。

层次3：实验中不参与思考，不能提出合理化建议；记录单上字迹比较潦

草，不能把实验现象记录清楚，项目填写不完整。

2. 实验操作能力评价

对学生实验操作能力的评价主要看学生如何设计对比实验，目的是评测学生对对比实验设计的掌握程度。

层次1：能够设计对比实验，知道对比实验中的相同条件和不同条件；明确在对比实验中要严格控制变量，并注意收集实验数据，用事实说话。

层次2：能够设计对比实验，知道对比实验中的相同条件和不同条件；在对比实验中不能严格控制变量，不注意收集实验数据和用事实说话。

层次3：不能够设计对比实验，不知道对比实验中的相同条件和不同条件；在对比实验中不能严格控制变量，不注意收集实验数据和用事实说话。

# 由扶到放，让学生经历有层次的探究过程
## ——"大树和小草"教学课例

河北省秦皇岛市海港区建国路小学　刘迎华

### 教育理论指导 >>>

小学科学课程标准在实施建议中指出："科学探究活动一般应掌握由简单到复杂、由教师扶着走到逐步放开、由模仿到半独立再到独立的过程逐步进行。要给学生一个由生疏到熟悉的过程，不要要求一步到位。"学生探究能力的培养要循序渐进，探究活动要由扶到放，体现层次性。科学课程具有开放性，要引导学生利用广泛存在于学校、家庭、社会、大自然、网络和各种媒体中的多种资源进行科学学习，并将科学学习置于广阔的背景之中，帮助学生不断增加对周围世界科学现象的认识，丰富他们的学习经历。

### 教材分析 >>>

本课是教科版小学科学三年级上册"植物"单元中的内容，是学生继观察大树之后，观察脚下生命的又一新课。这是小学生接触科学的开端，对于培养学生探索科学的兴趣、习惯和求知欲十分重要。

### 学情分析 >>>

学生对高大的树木有较深的印象，而对路旁的小草关注不多，大多数学生甚至叫不出小草的名字。因此，本课的学习有利于拓展学生的视野，提醒学生在爱护大树的同时，也要关爱小草的生命。

### 教学目标

1. 知识与技能

(1) 知道大树和小草一样，具有生命体的共同特征。

(2) 了解大树和小草的主要不同之处在于植株的高矮、茎的粗细和质地。

(3) 了解大树和小草都生活在土壤中，都有绿色的叶子，都会开花结果，都需要水分、阳光和空气。

2. 过程与方法

(1) 用简图画出小草的主要形态特征。

(2) 能看懂维恩图的表达方式。

3. 情感态度与价值观

(1) 体会到小草和大树一样，都是活生生的生命体。

(2) 具有爱护小草、不践踏小草的意识。

### 教学重难点

找到大树和小草的相同点，知道陆生植物的特征，能看懂维恩图的表达方式。

### 教学准备

教师准备：多媒体课件，常见的小草的图片。

学生准备：查阅相关资料。

### 教学方法

通过观察、讨论和探究，使学生认识几种常见的大树和小草，并找出大树和小草的相同之处和不同之处，引导学生认真倾听别人的意见，培养学生观察、比较事物的能力，为学生学习以后的知识打好基础。

### 教学过程

一、认识常见的小草

师：在我们的校园里，不仅有高大的树木，还有低矮的小草。

（课件展示常见的小草图片。）

师：你们认识这些植物吗？请说出它们的名称。

生：狗尾草、三叶草、蒲公英、车前草……

师：自然界中的小草很多，可谓千姿百态。今天我们来研究一种小草——狗尾草。

【设计意图：从直观的图片开始，把学生的注意力吸引到本课内容上，进而让学生说出小草的名称。】

二、观察记录狗尾草

师：在校园中、田野里、道路旁、果园中都能找到狗尾草的身影。为什么叫狗尾草呢？

（学生猜测。）

师：因为它的果实串毛茸茸的，样子像狗尾巴，所以得名狗尾草。它是一年生杂草，全国各地均有分布。

（课件出示狗尾草图片。）

师：请用简图把狗尾草的样子画下来，注意狗尾草的茎、叶、果实的特点。

（学生按要求画狗尾草。）

师：我们刚才已经了解了狗尾草的特点。接下来我们再比较大树和小草，找出它们的相同之处和不同之处。

【设计意图：指定观察对象，信息相对集中，便于学和教，培养了学生的观察能力和表达能力，为后面的研究打下了基础。】

三、观察比较柳树和狗尾草

（教师带领学生去学校的植物园，让学生以小组为单位进行观察。）

师：在观察过程中不要随意损坏植物、践踏植物，尤其是对不引人注意的小草。植物是有生命的，我们要爱护它们，同时还要注意安全。

师：我们可以从哪些方面观察柳树和狗尾草的相同之处和不同之处呢？

（学生回答。）

师：我们要综合运用感官，借助放大镜来观察。

（学生分组活动，完成观察记录单。各个小组分别汇报，相互补充，达成共识。）

师：像柳树一样的茎叫木质茎，像狗尾草一样的茎叫草质茎。

【设计意图：两种植物的比较，对于小学三年级的学生来说难度较大。教师指定观察对象，让学生看着记录单回答，降低了难度，有利于学生开展研究。】

### 四、整理大树和小草的相同之处和不同之处

师：请你把大树和小草的不同之处，记录在维恩图的非交叉的空白处；把大树和小草的相同之处，记录在维恩图的交叉的空白处。

（学生整理记录。）

【设计意图：维恩图的作用是梳理学生的观察结果，形成比较明确的概念，并显示这些概念之间的关系。比较相同点是为了让学生初步体会植物生命体的特征，从而指向本单元的核心概念。】

### 五、总结整理

师：你学会了什么？完成下面的题目。

(1) 我知道的草本植物有（　　　）、（　　　）、（　　　）。

(2) 我知道的木本植物有（　　　）、（　　　）、（　　　）。

(3) 大树和小草相比，谁的寿命长？（　　　）寿命长。

(4) 在观察大树和小草的时候，你用到了哪些观察方法？（　　　）

A. 用眼睛看　B. 用耳朵听　C. 用手摸

D. 用鼻子闻　E. 记录　F. 测量

(5) 你喜欢大树还是喜欢小草？我喜欢（　　　），因为（　　　）。

## 教学设计特色 >>>

**1. 探究过程体现层次性**

本课共有三次探究活动：第一次是观察、记录狗尾草；第二次是观察、比较柳树和狗尾草；第三次是利用维恩图整理柳树和狗尾草的相同之处和不同之处。第一次活动中教师适时给学生以指导；第二次活动中放手由学生自己完成，在记录单的引导下，学生获得的信息相对集中；第三次活动中则完全放手，由学生自己整理完成维恩图的填写，突出教学重点。探究过程体现了层次性，符合小学三年级学生的认知规律。尤其是第三次活动，带领学生走出教室，来到植物园，使课堂教学呈现出自主性和开放性。

**2. 发挥评价的调节作用**

小学科学课程标准重视评价，倡导多元评价。教师把评价贯穿在教学过程中，将学生自评、互评和师评相结合，完成学生学习评价表，对激发学生的热情起到了很大的促进作用。

附：

## 一、板书设计

大树和小草

大树（木本植物）　　　　　小草（草本植物）

| | | |
|---|---|---|
| 茎 | 粗　硬　粗糙　高大 | 细　软　光滑　矮小 |
| 叶 | 细长　硬 | 扁长　软 |
| 果实 | 多 | 少 |
| 寿命的长短 | 长 | 短 |

## 二、学生记录单设计

观察记录单

| | | 柳树 | 狗尾草 |
|---|---|---|---|
| 茎 | 颜色 | | |
| | 粗细 | | |
| | 软硬 | | |
| | 其他发现 | | |
| 叶 | 颜色 | | |
| | 长短 | | |
| | 形状 | | |
| | 软硬 | | |
| | 其他发现 | | |
| 果实 | 颜色 | | |
| | 形状 | | |
| | 多少 | | |
| | 其他发现 | | |
| 寿命的长短 | | | |

## 三、教学评价设计

评价目的：我们的评价不能停留在掌握知识的多少，更重要的是评价学生在认识植物的过程中是否经历了真实的探究活动，是否有自己独特的观察方式和记录方式，是否对植物产生了认知兴趣，是否形成了爱护植物的良好意识。

评价形式：自评、互评、师评。

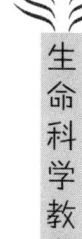

评价内容：见下表。

**学生学习评价表**

| 评价内容 | 自评等级 | 互评等级 | 师评等级 |
| --- | --- | --- | --- |
| 我观察到了柳树的特征 | 优秀（  ） 良好（  ）<br>合格（  ） 不合格（  ） | 优秀（  ） 良好（  ）<br>合格（  ） 不合格（  ） | 优秀（  ） 良好（  ）<br>合格（  ） 不合格（  ） |
| 我发现了小草的特征 | 优秀（  ） 良好（  ）<br>合格（  ） 不合格（  ） | 优秀（  ） 良好（  ）<br>合格（  ） 不合格（  ） | 优秀（  ） 良好（  ）<br>合格（  ） 不合格（  ） |
| 完成小组观察任务 | 优秀（  ） 良好（  ）<br>合格（  ） 不合格（  ） | 优秀（  ） 良好（  ）<br>合格（  ） 不合格（  ） | 优秀（  ） 良好（  ）<br>合格（  ） 不合格（  ） |
| 观察中没有损坏小草 | 优秀（  ） 良好（  ）<br>合格（  ） 不合格（  ） | 优秀（  ） 良好（  ）<br>合格（  ） 不合格（  ） | 优秀（  ） 良好（  ）<br>合格（  ） 不合格（  ） |
| 观察中能与别人合作 | 优秀（  ） 良好（  ）<br>合格（  ） 不合格（  ） | 优秀（  ） 良好（  ）<br>合格（  ） 不合格（  ） | 优秀（  ） 良好（  ）<br>合格（  ） 不合格（  ） |

注：请在相应等级后的括号中打"√"。

# 树立正确教学理念，激发学生理性体验
## ——"生活中的真菌"教学课例

*河北省石家庄市鹿泉市教研室　任丽娜*

### 教育理论指导 >>>

　　脑科学研究表明，人的大脑获取信息的途径主要是通过身体的五种感官，且获取的不同信息由大脑的不同部位储存起来。只有当学习者处于一个有着多种多样的联系与刺激的环境中时，才能更好地建构有价值的知识并迅速发展其他思维能力。动手做正是一种积极的学习方式，但学生还必须有动脑的理性体验。本课主要探究霉菌的样子及生存条件，旨在让学生动手动脑学科学，承载着科学教育中实验观察的方法与实验设计的思路，特别是通过学生讨论、交流实验方案，不断评价、完善实验方案，从而激发学生善于动脑和勤于思考的积极性，增强学生对科学探究的理解。因此教学设计时，"做中学"是基本理念，"训练学生的思维"是主要教学形式。

### 教材分析 >>>

　　本课是冀教版小学科学六年级上册"丰富多彩的生命世界"单元中的内容。此前，学生已经经历了对动植物形态、习性、生殖等内容的探究，还学习了动植物以外的微生物——细菌和病毒的特点以及它们与人类的关系。

### 学情分析 >>>

　　六年级的学生已经有了一定的搜集、交流、整理、汇报资料的能力以及抽象逻辑思维能力。本节教学设计充分地从学生的需求和实际出发，使学生探究霉菌生存的条件，在这一过程中不断地从重视学生语言表述的培养到重视学生逻辑思维的培养，使学生养成善于思考的好习惯，对于发挥学生的想象力提供

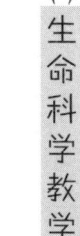

了材料。

### 教学目标 >>>

1. 知识与技能

（1）知道真菌是既不属于植物也不属于动物的一类生物。

（2）能通过多种渠道搜集资料，认识生活中的真菌及其与人类的关系。

2. 过程与方法

（1）能利用简单的工具进行正确观察，并记录使食物发霉的真菌的形态特点。

（2）能够设计实验证实食物在什么条件下容易发霉的假设。

3. 情感态度与价值观

能与其他同学交流搜集到的资料，合作设计实验方案。

### 教学重难点 >>>

通过搜集、交流、整理资料等活动获取科学事实；能鉴别毒蘑菇；设计食物在什么环境下容易发霉的对比实验。

### 教学准备 >>>

教师准备：多媒体课件，正在发霉的食物，放大镜，蒸发皿。

学生准备：搜集可食用真菌的资料、图片或实物，调查其营养价值。

### 教学方法 >>>

本课通过搜集、交流、整理、汇报资料等探究方法，使学生在获得基础知识的同时，提高了他们搜集资料、交流资料、整理资料、汇报资料的能力，使他们能够比较全面地认识生活中的真菌以及它们与人类的关系。

### 教学过程 >>>

一、谈话导入，自然揭题

师：同学们，上节课我们走进了微生物的世界，认识了细菌和病毒，谁能说一说细菌和病毒都有什么特点？

（学生回忆旧知。）

师：今天让我们再次走进这个世界去认识一种新的微生物——真菌。

【设计意图：通过精练的语言进行谈话导入，亲切自然，将学生的注意力一下子引进课堂，营造了课堂学习氛围。这是一种十分简单的导入新课的方法——强调式导入法。这种导入可以使学生初步了解本节课所学的内容以及它与哪些知识有联系，有什么联系。】

二、小组合作，获取新知

1. 整理资料，全面了解真菌

师：课前，老师已经布置了搜集资料的任务。我们首先交流一下，想一想，说一说，什么是真菌？真菌有哪些种类？真菌与人类有什么关系？

（全班汇报交流，教师总结。）

【设计意图：此环节渗透阅读资料、分析资料、汇总资料、完善资料等探究方法，可以培养学生的语言表述能力和归纳概括能力。】

2. 探究霉菌，设计实验方案

（1）观察霉菌

（课件出示橘子发霉的图片。）

师：这个橘子是怎么回事？

生：发霉了。

师：橘子上的霉就是霉菌。请大家观察一下霉菌，说说它有什么特点。

（学生小组合作观察霉菌，然后全班交流。）

【设计意图：采用小组合作的方式，不仅可以充分发挥学生的主体作用，还有利于培养学生的合作精神，增进学生之间的感情。】

（2）预设食物发霉的条件

师：霉菌的生存可能需要什么样的条件？

（学生结合生活实际猜想。）

师：食物在什么样的条件下容易发霉？在什么样的条件下不容易发霉？

（学生试着总结。）

师：在潮湿（有水）、温度高（30℃左右）的条件下，食物容易发霉；在干燥、温度低的条件下，食物不容易发霉。

【设计意图：基于学生的实际，引领学生从自己的生活经验出发对食物发霉的条件进行猜想、假设。】

（3）设计实验方案

师：分析这些条件，看我们能够组合出多少种实验环境。

（教师在课件上用箭头表示。）

```
        温度高（30℃左右）              温度低



            ↓              ↓
        潮湿（有水）                    干燥
```

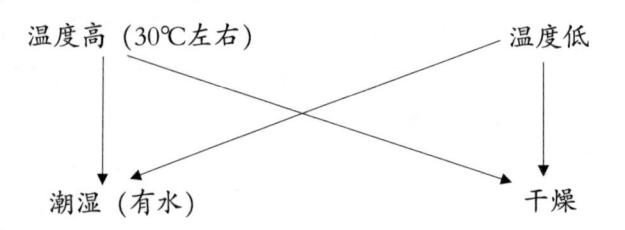

师：对于组合出来的实验环境两两进行比较，分析出前两种实验环境有什么相同点和不同点，后两种实验环境有什么相同点和不同点。

（学生分析，教师课件出示两种抽象的实验模型。）

模型一：湿

　　　　——温度高

　　　　干

模型二：湿

　　　　——温度低

　　　　干

师：要设计对比实验，首先要考虑什么？然后呢？小组内讨论讨论，想好后记录下来。

（各组根据兴趣确定要研究的问题，写出具体的实验方案。各组汇报，根据教师和同学的建议、意见不断完善实验方案。教师提出实验要求和课下的观察要求。）

【设计意图：在对比、分析、评价的过程中激发学生善于动脑和勤于思考的积极性，注重对他们的推理能力、逻辑思维能力、语言表达能力的培养。】

三、课堂小结，课下延伸

师：今天，同学们在课上表现得非常出色，不仅学得积极主动而且很会动脑筋。课下，希望同学们认真组装实验模型，用心观察并做好记录。实验之余，请同学们再完成一个小小的任务——搜集食品保鲜的各种方法。

## 教学设计特色 >>>

特级教师钱梦龙说得好："教学思想是教学设计的灵魂。"要形成科学合理的教学设计，就必须树立正确的教学思想。因此，在本节课教学中教师特别注重对学生实验设计的指导。在教学中，教师先引领学生从猜想入手，利用箭头交合法得出四组实验条件；再通过比较实验条件建构了两组抽象的实验模型；最后通过小组讨论，联系实际设计出了多种具体的实验模型。在这一过程中，教师没有告诉学生具体的实验模型,只是给予他们思路上的指导,这样有助于培养学生归纳、推理等逻辑思维能力和分析问题、解决问题的能力,较好地体现了面向全体学生、以学生为主体、以科学探究为核心的教学理念。

## 附:

### 一、板书设计

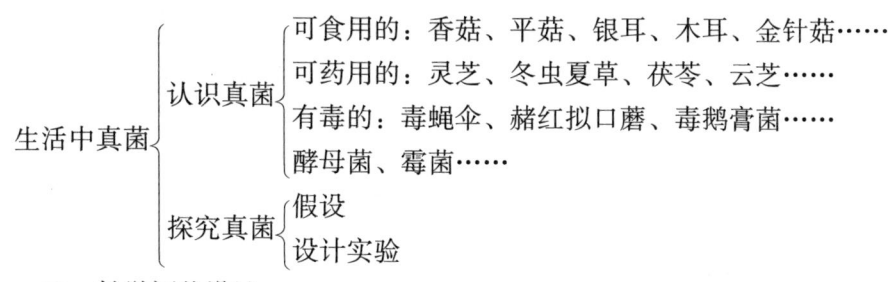

生活中真菌
- 认识真菌
  - 可食用的:香菇、平菇、银耳、木耳、金针菇……
  - 可药用的:灵芝、冬虫夏草、茯苓、云芝……
  - 有毒的:毒蝇伞、赭红拟口蘑、毒鹅膏菌……
  - 酵母菌、霉菌……
- 探究真菌
  - 假设
  - 设计实验

### 二、教学评价设计

在本节课教学中,教师不失时机地把握评价时机,实现评价的全程化。课堂上,教师有时采用激励的话语进行评价,有时用真诚的微笑和手势,有时仅仅是一个肯定的眼神。特别是在指导学生组合不同的实验环境时,教师都是通过手势和眼神给予引导的,较好地解决了本课的难点。对学生进行及时的评价、发自内心的评价,有助于学生树立自信心,调动学生学习的积极性,激起学生强烈的求知欲望。此外,教师还特别注意学生之间的评价,尤其是设计实验,当每组同学分别展示了他们设计的具体实验方案后,其他组的同学针对该方案做出评价并提出合理化的建议,实验方案就在这样的评价中得到了完善。

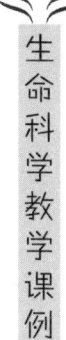

# 动手动脑相结合，促进科学探究能力发展
## ——"落地生根"教学课例

河北省石家庄市育英小学　敦文术

### 教育理论指导 >>>

本课在设计时主要遵循两方面的教育理论。

一是在遵循科学探究规律的基础上，提升学生的思维能力。就本课教材而言，植物的不同的繁殖方式属于规律性知识，这一类知识需要运用分析、比较、分类、归纳等思维方法学习。五年级的学生（10～12岁）已经具备了一定的分类能力，即进入了美国教育专家劳威所提倡的多重分类阶段（是指能够发现一组自然事物中有两种以上的共性或者把同一事物分到不同类别中）和包含性分类阶段（是指能够发现两组事物之间的逻辑关系），因而本课教学设计以培养学生的分类能力为原则，使学生在富有逻辑性的探究过程中，用心思考，严谨推理，合理分类，从而得出科学的结论。

二是注重学生在科学探究过程中的学习性评价。学习性评价是事实性判断，是针对学生的学习情况做出的描述性的、具体的分析和积极反馈，并据此做出的促进教与学的反馈行动。因而本课教学设计运用教师口头语言、小组评价（口头式）、观察日记、分析表格（书面式）等多种方式来进行评价，以达到以评促学的目的。

### 教材分析 >>>

本课是冀教版小学科学五年级下册"生命延续"单元中的内容，重点是探究植物如何延续生命。从生命科学角度来分析，四年级的"种茄子"等课例，已经为本课的学习奠定了两个基础：一是知识基础，学生了解了动植物生长的过程、动物的繁殖条件、方法及多样性等；二是探究方法基础，包括阅读资料、分析资料、总结形成概念等。

### 学情分析 >>>

在知识层次上，通过前面课例的学习，学生知道了卵子和精子结合形成受精卵，这是有性繁殖的条件，也是动物常见的繁殖方式，这就为学习植物的有性繁殖奠定了知识方面的基础。从本课学生前概念的角度来看，农村的学生或多或少有种植的经验，而城市学生的种植经验较少，因而多数学生只是从书籍上获取了某些具有文字符号意义的知识，还没有较多的直接经验。

在能力层次上，经过前面的学习后，学生搜集资料的能力有了一定的提高，但分析资料的能力还有待进一步提高。而且学生的实践经验太少，对选择用扦插、嫁接、压条等方法进行植物的繁殖还有一定难度。

在情感态度方面，五年级学生还是较多地热衷于动手操作，因而要培养学生既喜欢动手，又热衷于动脑的态度。

### 教学目标 >>>

1. 知识与技能

（1）理解并描述植物开花、传粉和受精的过程。

（2）理解种子是下一代的新植物。

（3）理解并初步掌握扦插、嫁接、压条的方法。

2. 过程与方法

（1）能搜集资料，进行分析、比较、分类，并用自己的语言概括植物繁殖的特点。

（2）选择一种方法对月季进行繁殖，并观察和记录。

3. 情感态度与价值观

既乐于动手，又乐于动脑分析。

### 教学重难点 >>>

能够对植物繁殖后代的方式进行分类并概括。

### 教学准备 >>>

教师准备：发芽的土豆，长出须根的胡萝卜，扦插生根的月季，多媒体课件。

学生准备：查阅相关资料

### 教学方法 >>>

本课采用一种科学阅读的方式来引领学生进行科学学习，即通过搜集和整理各类相关资料进行分析、比较、分类，概括出生命过程延续的复杂性和多样性。

### 教学过程 >>>

一、俗语引入，形成问题

（课件出示西瓜、柳树、落地生根图片。）

师：同学们，我能根据这三幅图片说出三种常见的植物繁殖方式。第一幅图："种瓜得瓜，种豆得豆。"谁来谈一谈你对这句话是怎么理解的？

生：瓜和豆都是植物的种子。

师：对于第二幅图，谁知道相关的说法，这样的说法又是什么意思？

生：无心插柳柳成荫。

生：柳树是用柳条来繁殖后代的。

师：第三幅图同学们都不太认识，我告诉大家这种植物叫落地生根。听到这个名字你能想到什么？

生：这种植物的叶子落到地上就可以生根，长成新的植物。

师：根据以上我们所讨论的，请你总结一下这些都说明了什么。

生：植物有多种繁殖方式。

【设计意图：好的导入不仅能够引起学生的注意和兴趣，也是对学生前概念知识掌握的一个小调查。本课的引入设计简单明了，与生活实际结合得较紧密。学生通过对三幅图的比较，就能产生浅层次的疑问：为什么同是植物，繁殖方式却各有不同呢？也将学生思维锁定在"繁殖"一词上，为后续的研究积累了思维要素。】

二、分析比较，进行分类

1. 小组交流，分析整理

师：同学们在课下已经搜集了大量关于植物繁殖方式的资料。下面请大家在小组内进行简单的介绍，并把结果填写在记录单内。

（学生活动，小组内整理。）

【设计意图：让学生以表格整理的方式进行分析，不仅降低了整理的难度、理清了思路，还教给了学生学习的方法，体现了从提出问题到寻找方法再到解决问题的思维自然流畅性。】

2. 集体交流，梳理概括

师：哪个小组来谈一谈你们的整理结果？

（学生展示组内整理的结果。）

【设计意图：这是全面交流的阶段，可以照顾到全体学生，体现出全景式的发言机会。】

（1）认识植物的有性繁殖方式（种子繁殖）

师：刚才同学们提到了"种子"这种繁殖方法，谁能具体介绍一下种子是怎么来的？

（学生汇报。）

【设计意图：这是分层交流的阶段，从每一种繁殖的方式入手进行详细的介绍，体现出研究科学问题要探究本质的思维特点，从而对学生产生潜移默化的影响。】

师：同学们对植物用种子繁殖的方式做了详细的介绍，但也只是基于文字方面的一些知识。下面请大家通过一段视频来进行更详细的了解。

（播放种子生成过程的视频。）

【设计意图：通过视频直观形象的描述，把学生头脑中本来的文字化知识内化成自身的知识，突破本课重点。】

（2）认识植物的营养繁殖方式（落叶生根、茎生根）

师：刚才同学们提到了植物还可以利用根、茎、叶来繁殖后代，其实它们都是植物的营养器官，用营养器官进行繁殖在科学上叫作营养繁殖。今天老师带来了几种植物，它们都是利用营养繁殖的方式培育出来的。请仔细观察，说说你有什么发现。

（教师展示发芽的土豆、长出须根的胡萝卜、扦插生根的月季，学生观察、分析。）

【设计意图：把实物展示出来的目的是让学生发现实际的现象与自己调查所得的资料是相符合的，引导学生通过事实真相发现科学本质。】

三、概括总结，生成新知

1. 植物繁殖方式的异同点

师：从上面大家的分析来看，我们应如何给植物的繁殖方式进行分类呢？

（学生分析、总结。）

【设计意图：分析是生成新知的前提，比较、分类是生成新知的过程，概括是生成新知的结果。因而，在此进行的分类活动，能促使学生真正明确植物繁殖后代方式的多样性。】

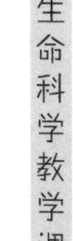

**2. 动植物繁殖方式的异同点**

师：通过两节课的学习，我们不仅了解了动物的繁殖方式，还了解了植物的繁殖方式。这两类生物在繁殖方式上有什么相同点和不同点呢？

（学生分析、总结。）

【设计意图：真正让学生了解繁殖是生命的共同特征之一。虽然动植物的繁殖方式不同，但都有其共同的特点。】

**四、亲自实践，提升认识**

**1. 认识人类帮助植物繁殖的方法**

师：同学们，植物有自己的繁殖方式，但人类为了帮助植物保持优良特性、加快繁殖速度，也会采用各种方式帮助植物进行繁殖。下面让我们来看一看教材中的资料。

（学生自主阅读教材。）

【设计意图：让学生直接阅读教材中的图例，可以节省教学时间，提高教学效率，把重点放在实践活动上。】

**2. 指导学生亲自实践**

师：我想大家一定对于亲自实践帮助植物进行繁殖有浓厚的兴趣。如果你要帮植物进行繁殖，你想选择哪种植物，如何来做呢？

【设计意图：引导学生在动手实践之前就有明确的目的和计划，这样才能提高实践的成功率。】

师：动手之前，老师还想提醒大家一定要做好观察记录，这是一个长期的过程，要有毅力坚持下来。

【设计意图：学生在动手之前已动足了脑。科学课的活动不是为了活动而活动，而是为了探究，为了培养学生的科学意识、锻炼学生的探究能力。】

## 教学设计特色 >>>

本课教学设计以发展学生的科学探究能力为基点，以实施扎实有效的课堂环节为手段，以提高学生的科学阅读能力为目标。本课强调学生不仅要动笔、动嘴、动手，更要动脑。从俗语中发现科学现象是动脑，资料整理分析是动笔、动脑，集体交流研讨是动脑、动嘴，种植前教师的实验指导是动脑、动手。

在设计本课时，教师注重了解学生的前概念，如对俗语的谈话，这为学生下一步探究指明了方向。此外，教师还注意与生活实际相结合，如发芽的土豆、生根的胡萝卜和月季等都是生活中常见的植物，这些植物的出现帮助学生回忆了经验,又为学生进行概括、总结提供了良好的思维素材。

## 附:

**一、板书设计**

$$落地生根$$
$$开花、传粉、受精\longrightarrow 种子$$

繁殖方式 { 落叶生根
　　　　　　茎生根
　　　　　　……

人类帮助植物繁殖的方法:扦插、压条、嫁接

**二、记录单设计**

植物繁殖方式及特点记录单

| 植物名称 | 繁殖方式 | 繁殖特点 |
| --- | --- | --- |
|  |  |  |
|  |  |  |
|  |  |  |
|  |  |  |
|  |  |  |

**三、教学评价设计**

本课的评价方法以学习性评价中所倡导的课堂观察法、科学探究记录观察法为主。

1. 课堂观察法的具体实施

在上课时,教师至少要做到三件事:(1)看一看学生在小组活动时,搜集资料的情况如何(有多少学生进行了搜集等),学生与小组成员整理资料时的参与度如何(是不是只有少数学优生在整理等);(2)听一听学生在小组活动时,学生在说些什么(能否有效地进行分析等);(3)问一问学生整理资料时遇到的问题有什么(为什么你没有找到资料等)。

另外,在集体交流时教师应进行事实性描述,如"你的资料整理得非常精练,语言表达也有科学严谨性"(口头描述性评价),"这个小组资料整理得最多,也很正确"(口头激励性评价),"你们认为小组内谁的资料整理得最好"

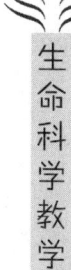

（生生互评性评价）等。

2. 科学探究记录观察法的具体实施

学生在科学探究过程中，需要将探究的结果记录下来。本课是科学阅读课，阅读的结果同样需要用文字、图画的形式记录下来。在本节课中，教师设计了一个资料分析表格（见学生记录单）及一个观察日记表格（见教材）。资料分析表格是课堂内短期学习结果的评价依据，观察日记表格是课堂外长期学习结果的评价依据。根据这些表格，教师对学生的学习结果、学习态度等做出较好的判断，同时也可以作为与家长交流的重要媒介，使家长了解到孩子的学习状况。

# 在游戏中亲历，在亲历中体验
## ——"生理与适应"教学课例

河北省承德市双桥区教育局　戴素兰

### 教育理论指导 >>>

建构主义学习观认为，在学习过程中，学生不是被动地接收信息，而是以原有的知识经验为基础，主动地建构知识系统。小学科学课程标准也指出："科学学习要以探究为核心。探究既是科学学习的目标，又是科学学习的方式。亲身经历以探究为主的学习活动是学生学习科学的主要途径。"本课教学设计遵循这样的科学教育理论，精心设置教学环节，引导学生亲身经历学习活动，以促进主体主动地建构知识。

### 教材分析 >>>

本课是冀教版小学科学六年级下册"奇妙的人体"单元中的内容。本课是学生在学习了消化、呼吸、血液循环等系统的功能的基础上，继续深入认识人对外界刺激做出反应的心理加工过程，并渗透神经系统在维持人体正常生活中发挥的重要作用。

### 学情分析 >>>

学生在前面几课学习了人体消化、呼吸、血液循环等系统的组成和功能，对人体内部器官有了一定的了解，但对神经系统的组成尤其是工作过程的知识还了解得比较少。此外，六年级学生思维能力的发展处在关键时期，概括、分类、比较和推理能力才刚刚形成。

**教学目标**

1. 知识与技能
（1）知道神经系统的组成。
（2）能用自己的话描述人的神经系统的工作过程。
（3）能用自己的话说出产生反应时现象的原因。
2. 过程与方法
（1）能围绕刺激与反应提出自己感兴趣的问题。
（2）能对游戏中出现反应时现象的原因提出自己的假设。
（3）能查阅资料探索神经系统的工作过程。
3. 情感态度与价值观
能与其他同学交流自己的想法，并认真听取其他同学的发言。

**教学重难点**

了解神经系统的工作过程；能通过查阅资料等方式自主探究人对外界刺激做出反应的原理。

**教学准备**

教师准备：多媒体课件，抢凳子游戏用的一组材料（凳子、小鼓、鼓槌）。
学生准备：查阅相关资料。

**教学方法**

1. 游戏体验教学法
游戏是学生非常喜爱的教学形式。本课的两个探究活动均以游戏为载体，将枯燥的生理知识融入有趣的游戏中，让学生在游戏中体验，在游戏中自然而然地建构知识。
2. 多媒体辅助教学法
动画、录像、教师自制的幻灯片等多媒体手段贯穿本课始终。这些多媒体的综合运用，创设了一定的教学情境，激发了学生的学习兴趣，突破了重点、难点。其中，望梅止渴的动画视频融科学知识于故事情境中，典型直观；刘翔百米赛跑的实况录像将学生的探究热情再次点燃，并巧妙而顺利地将其过渡到对反应时的探究过程中。

3. 探究性学习教学法

本教学设计以游戏活动为载体，引领学生经历"提出问题—猜想假设—阅读资料整理信息—思考与结论—表达与交流—应用拓展"的科学探究过程。这样的方法激发了学生主动探究的热情，培养了学生的科学探究能力，有利于学生对知识的建构。

## 教学过程 >>>

一、创设情境，引入探究主题

师：老师知道大家平时都喜欢玩游戏。大家玩过抢凳子游戏吗？前面有三个凳子和一面小鼓，可以四名同学一起玩。这四名同学要围绕凳子站好，当鼓声敲响时，顺时针绕凳子转，鼓声停止，抢坐凳子，坐到凳子的同学胜利。

（找四名同学上台。）

师：其他同学要仔细观察在游戏中他们的身体有什么反应。

【设计意图：抢凳子游戏是非常典型的刺激—反应的案例，以此可以自然进入探究主题，激发学生的学习兴趣。】

（学生做游戏。）

师：他们在游戏中身体有什么反应？

生：有的反应快坐到了凳子上，有的反应慢没有坐到。

生：耳朵听到了鼓声停止时，腿相应弯曲让臀部坐在凳子上。

【设计意图：教师的问题明确，指向性强，可避免无关因素的干扰。】

二、自主探究神经系统的工作过程

1. 提出问题

师：真是很神奇的事情，耳朵听到声音后，隔了那么远的腿竟然做出了反应。同学们，当你看到这个现象时，你想提出哪些问题？

生：为什么耳朵听到声音腿会做出反应呢？

生：为什么人的反应有快有慢？

师：大家问得非常好，今天我们就来研究这两个问题。

【设计意图：让学生自己提出问题，使他们真正参与到科学研究中，训练他们的思维能力。】

2. 合理预设

师：为什么耳朵听到声音腿会做出反应？我们先来猜想一下。

（学生猜想。）

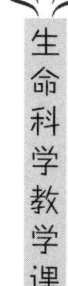

【设计意图：学生对科学的学习不是一张白纸，教师通过让学生猜想，可以了解学生的前概念水平。】

3. 自主探究

师：同学们各抒己见，都表达了自己的看法。那么哪种方法说得更科学呢？

生：做实验、查资料、上网……

师：考虑到课堂的实际情况，你觉得我们今天采用哪种方式比较好？

生：查资料。

师：桌子上有同学们和老师准备的资料，可以选择你自己喜欢的方式进行研究。

（学生研究。）

【设计意图：使学生知道阅读资料也是一种主要的科学探究方式。】

4. 交流研讨

师：选择你们喜欢的方式交流研究成果。

（有的组表演，有的组展示图片，有的组播放视频。）

【设计意图：学生可以自主选择交流方式，如角色扮演、图画展示等，从而真正融入教学情境中。】

5. 生活应用

师：抢凳子游戏让我们明白了，人对外界刺激做出反应是由于人的身体有神经系统在工作。生活中这样的例子比比皆是，谁还能举出这样的例子？

（学生举例。）

师：老师也想起了一个有趣的例子，大家来看一看。

（播放视频《望梅止渴》。）

师：曹操的话蕴含什么道理呢？为什么"望梅"就能"止渴"？

（学生交流。）

师：通过以上研究我们知道了，在各种刺激反应活动中都会有感觉器官受到刺激，产生感觉信息，信息沿神经传递到脑或脊髓，在此处进行加工处理，产生新的指令，再由神经传递到动作器官，最后做出反应。

【设计意图：科学来源于生活，服务于生活。教师适时梳理知识，进行小结，帮助学生建构了完整的知识体系。】

三、自主探究影响反应时长短的因素

1. 谈话过渡

师：从受到刺激到做出反应是需要一段时间的，这段时间叫作反应时。反应时的长短决定了反应的快与慢。同学们希望自己的反应时长还是短呢？

生：希望反应时短，反应时短反应就快。

师：普通人的反应时是0.2～0.3秒之间。看看这是谁？

（课件出示刘翔跨栏图片。）

生：刘翔。

（播放刘翔百米赛跑的实况录像。）

师：刘翔的反应快不快？

生：快。

师：快到什么程度？

生：0.105秒。

【设计意图：刘翔百米赛跑的实况录像再次激起学生的探究热情，以此引入反应时的研究，选材典型，说服力强。】

2. 启发思考

师：想不想和刘翔的反应一样快呢？反应的快慢跟哪些因素有关系？

（学生交流。）

3. 游戏体验

师：我们来做个游戏体验一下，好吗？游戏的名字叫"看谁反应快"。规则：看到老师出示的图片时请做出相应的动作，如果是红色圆形请举起左手，绿色方形请举起右手，黄色三角形请鼓掌一次。

（教师利用多媒体有目的地依次展示正方形、圆形、三角形、圆形、三角形、三角形、三角形，学生做出相应动作。）

【设计意图：使学生在游戏中体验，让枯燥的知识概念变得简单易懂。】

4. 交流研讨

师：通过这个游戏你发现了什么？你觉得反应时的长短跟什么有关系？

（随着游戏次数的增多，学生的反应越来越准确，学生在游戏中发现，反应时的长短与人对刺激的熟悉程度、动作反应次数等因素有关。）

四、课外探究

师：反应时长短还与哪些因素有关呢？请同学们课下继续探究。

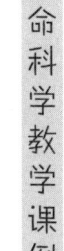

**教学设计特色** >>>

在游戏中亲历，在亲历中体验是本教学设计的主要特色。本教学设计以游戏活动为载体，引领学生经历"提出问题—猜想假设—阅读资料—整理信息—思考与结论—表达与交流"的科学探究过程，并辅以现代化手段创设教学情境，激发学生学习兴趣，突破重点难点，实际教学效果很好。

**附：**

一、板书设计

生理与适应

耳朵（刺激）——→腿（反应）?
反应有快、慢?

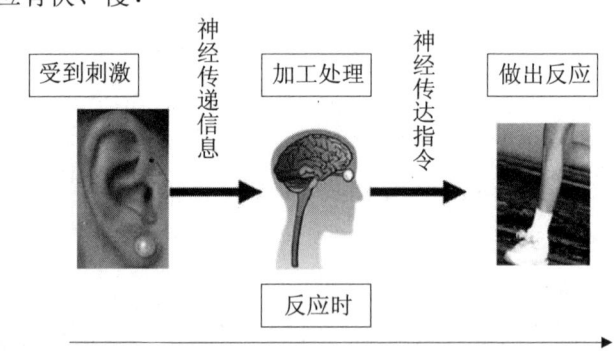

受到刺激 → 神经传递信息 → 加工处理 → 神经传达指令 → 做出反应

反应时

二、教学评价设计

评价目的：客观准确地了解学生在知识、能力、情感态度与价值观等方面的发展变化，对学生进行综合评价；了解不同层次的学生是否有不同层次的发展；检测教学设计的实效性，用以指导教学、改善教学。

评价形式：采用学生自评、小组互评、教师评价的方法，以知识检测、科学探究能力检测、情感态度与价值观检测等形式呈现。

评价主体：包括教师、小组同学、学生本人。

评价时间：涉及整个教学过程的观察以及课后检测。

评价内容：如下。

1. 知识检测（教师评价，用于课后检测）

（1）神经系统包括_____、_____、_____。

（2）人不断对外界刺激做出反应，你能举出三个这样的实例吗？选择其中一个解释一下，在这个过程中，心理是怎样进行加工的。

2. 科学探究能力检测（小组互评＋教师评价，在课堂过程中和课后评价）

| 评价项目 | 可选等级 | 评价等级 |
| --- | --- | --- |
| 认真观察在抢凳子游戏中人的反应，并能提出感兴趣的问题 | A. 很好　B. 一般　C. 较差 | |
| 运用已有知识猜想人对刺激做出反应的原因 | A. 很好　B. 一般　C. 较差 | |
| 快速阅读资料，并根据问题勾画重点，效率高 | A. 很好　B. 一般　C. 较差 | |
| 在小组合作学习中，愿意与他人合作 | A. 很好　B. 一般　C. 较差 | |
| 敢于表达自己的观点，并认真倾听同学发言 | A. 很好　B. 一般　C. 较差 | |
| 运用所学知识灵活地解决生活问题 | A. 很好　B. 一般　C. 较差 | |

3. 情感态度与价值观检测（学生自评，新课结束后）

| 评价项目 | 可选等级 | 评价等级 |
| --- | --- | --- |
| 我对这节课，（　　） | A. 非常喜欢　B. 较喜欢<br>C. 不太喜欢　D. 不喜欢 | |
| 我在这节课中，（　　）举手 | A. 经常　B. 不经常　C. 很少　D. 从不 | |
| 老师提出问题后，我会（　　） | A. 积极思考，踊跃发言<br>B. 思考但不发言<br>C. 问题跟我没关系，不用想 | |
| 进行小组学习时，我会（　　） | A. 争抢着由我一个人来做<br>B. 与同学分工，共同完成学习<br>C. 看着别人做 | |
| 当我有了新的想法或新的发现时，我会（　　） | A. 敢于表达自己的观点<br>B. 藏在心里生怕说错<br>C. 不敢说，怕同学笑话老师训斥 | |

# 聚焦教学重难点，明确探究方向
## ——"动物的卵"教学课例

河北省唐山市丰南区小学教研室　刘俊军

### 教育理论指导 >>>

本课设计以建构主义学习理论为指导，在学生已有前概念的基础上展开教学，使教学活动的针对性更强；引领学生在相对宽松的氛围里，运用多种方法了解动物的卵的结构和功能；通过对原教材的重组，保障学生活动的时间和质量，进而使学生能在短短的时间里，建构起"生物的结构和功能是相适应的"这个核心概念。

### 教材分析 >>>

本课是教科版小学科学四年级下级"新的生命"单元中的内容，是本单元中关于动物繁殖方式的第一课。在此之前，学生已经研究了植物的繁殖。本课承载的核心科学概念是动物卵的构造与它们发育新生命的作用是相适应的。

### 学情分析 >>>

小学四年级的学生对生命世界中纷繁复杂的动物的卵缺乏基本的了解，只是因为生活中常见到鸡卵（鸡蛋），而对鸡蛋的结构多少有一些认识。本课如果从学生比较熟知的、又容易获取的鸡卵入手来组织教学，进而使学生建构科学概念，应该是比较理想的途径。

**教学目标**

1. 知识与技能

（1）知道很多动物都是由卵发育而成的。

（2）了解卵的构造特点为新生命的诞生创造了条件，受精卵在适宜的条件下可以转化为新生命。

2. 过程与方法

（1）能用实物观察法研究动物卵（鸡蛋）的结构特点。

（2）能通过视频和提供的阅读材料建立"卵的构造特点为新生命的诞生创造了条件"这个具体的科学概念。

3. 情感态度与价值观

（1）培养乐于探究动物繁殖奥秘的兴趣，感受自然界中生命的多样性和延续性。

（2）感受自然界中生命的生生不息，以及动植物繁殖方式的相似性。

**教学重难点**

观察鸡蛋的结构；理解"卵的构造特点为新生命的诞生创造了条件""受精卵在适宜的条件下可以转化为新生命"的含义。

**教学准备**

教师准备：演示材料（受精生鸡蛋、手电筒、镊子、透明小碗），多媒体课件。

学生准备：查阅相关资料。

小组实验材料：托盘，受精生鸡蛋，对剖切开的熟鸡蛋，透明小碗，放大镜，镊子，强光手电筒，抹布。

**教学方法**

本课通过创设情境，明确探究方向，让学生探究动物卵的构造，明确动物卵的功能。

**教学过程**

一、创设情境，明确探究方向

师：春天是一个繁殖的季节，小动物们也忙着迎接新生命的到来。我们一起来看看这些小动物都是靠什么繁殖的。

（播放视频，学生观看。）

师：这些动物是靠什么繁殖的呢？

生：蛋。

师：科学上我们把蛋叫作卵，这节课我们就来研究动物的卵。关于动物的卵，你想了解哪些问题呢？

生：为什么这些卵能变成小动物呢？

生：动物的卵里都有什么？

生：是不是所有的卵都能变成小动物？

生：在什么情况下动物的卵会变成小动物呢？

生：卵有什么作用？

师：要想解决同学们刚才提出的这些问题，必须首先知道卵的组成，或者叫作卵的结构，还要知道各部分的作用。下面我们就带着这两个问题开始今天的研究！

【设计意图：教师创设有效的教学情境，让学生提出有价值的问题，同时发挥教师的主导作用，明确本节课的探究方向，让学生的活动直接指向科学概念。】

二、探究构造，明晰功能

1. 了解学生的前概念

师：生活中我们最常见的是哪种动物的卵？

生：鸡的卵，也就是鸡蛋。

师：这节课我们就以鸡蛋为例来研究动物的卵。请同学们回忆一下鸡蛋由哪几部分组成。

（学生口述。）

【设计意图：准确把握学生的前概念，找准后续教学原点。】

2. 探究构造

师：除了这些组成部分之外，还有什么是我们没有发现的呢？如果老师给你一枚鸡蛋，让你去观察，你打算怎么做？

（学生讨论、交流。）

师：在观察时要注意：（1）观察顺序应由外向内；（2）仔细观察蛋黄上有什么东西，也不要忘记观察蛋壳的内壁；（3）观察熟鸡蛋后你又有什么新的发现；（4）把你的发现画下来；（5）已经熟悉的部分可以少用点时间，不熟悉的部分多用点时间；（6）注意安全，保持卫生。

（小组领取实验材料并合作进行观察，教师深入小组了解活动进程，相机进行必要的点拨与指导。）

　　【设计意图：教师适时适度的指导是学生探究活动取得高效的前提和保证。】

　　师：下面就是你们的舞台了，想一想应怎么汇报你们的研究结果，汇报时带上你们的记录单和鸡蛋。

　　（学生汇报，教师随机板书学生的新发现。）

　　师：你们的蛋黄上有这样的小白点吗？

　　生：有。

　　师：你们知道这个小白点是什么吗？科学家和你们有共同的发现，他们也发现了蛋黄上的白点，我们把它称为胚盘，简称胚。

　　【设计意图：教师对学生的探究活动给予必要的指导，能保证学生探究的高效、有序，使他们在有限的时间里逐步建构科学概念。】

　　3. 明晰作用

　　师：我们刚刚发现了胚，其他动物的卵也有胚吗？

　　生：有。

　　（课件演示各种鸟蛋的胚。）

　　师：看来这些鸟类的蛋里都有胚，那么胚有什么作用呢？

　　（学生猜测。）

　　师：到底是不是你们想的这样呢？请认真看一段视频资料，在里面寻找答案。

　　（播放鸡蛋孵化的过程的视频。）

　　师：胚在适宜的条件下就能发育成小鸡，那其他部分有什么作用？

　　（学生猜测，教师追问学生猜测的依据。）

　　师：刚才这些同学对鸡蛋其他部分的作用所做的猜测，是不是都正确呢？想不想知道？

　　生：想。

　　师：老师这里（手举阅读材料）有科学家研究的结果，阅读之后，你自然会明白的。（发放材料）下面就带着我们的思考去阅读资料，把你的观点与科学家研究的结果进行比较，看你们有哪些猜对了，哪些猜错了！

　　（学生阅读资料，汇报学习成果。）

　　【设计意图：通过看一看、猜一猜、读一读等研究方法，突破学生无法通过探究直接突破的难点——对鸡蛋各部分功能的把握。】

### 三、拓展延伸

师：本节课我们重点以大家熟悉的鸡卵为例，对动物卵的结构和功能进行了研究。课下大家可以通过多种途径和方法对其他动物的卵进行更加深入的研究，小组解决不了的问题可以随时找我。

【设计意图：把学生课上的兴趣拓展到课外，促使学生科学素养提升的最大化。】

## 教学设计特色 >>>

1. 重组教材，为学生的探究提供相对宽松的时间

考虑到本课教材的容量太大，一课时难以完成本课要完成的教学任务，因此，教师对教材进行了重组：第一，将其他动物的孵化过程利用视频资料呈现，不仅可以给学生创设自行发现问题的情境，也展示了多种动物的卵繁育小动物的事实；第二，削减了青蛙卵孵化的环节，一方面可回避无法当场找到青蛙卵的尴尬，另一方面可节省教学时间，使学生把精力集中到对受精鸡蛋结构的观察以及对其各部分功能的探究上。通过这样的重组，在使教学环节相对顺畅的情况下，保证了刘默耕先生提出的科学课"一英寸宽，一海里深"境界的出现，较好地实现了本课预设的教学目标，从而提升了学生的科学素养。

2. 准确把握学生的前概念水平

在探究鸡蛋构造环节，教师先组织学生说出平时了解的鸡蛋由哪几部分组成，从而及时、准确地了解和把握学生的前概念水平和结构，找准后续教学原点，有针对性地组织后续教学。

3. 学生自主探究与教师适时、适度指导的辩证统一

让学生自主探究是新课程改革倡导的学习方式。本节课一开始就让学生自主地提出想要了解的问题，让他们尽情地观察和发现；在学生阅读前让他们自主猜想，阅读后进行自主表达。这些都让学生较好地完成了科学概念的积极建构。

附：

一、板书设计

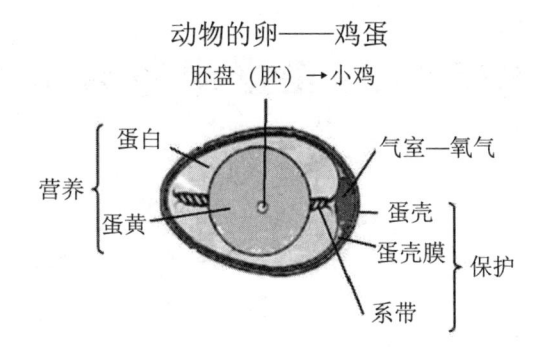

动物的卵——鸡蛋

胚盘（胚）→小鸡

营养 { 蛋白 蛋黄

气室—氧气

蛋壳
蛋壳膜 } 保护
系带

二、教学评价设计

为了使学生能全身心投入到对本课的学习中并收到令人满意的效果，教师在教学过程中有效地穿插了积极的教学评价，主要体现在以下四个方面：第一，评价内容的多元化。本课教学中的评价包括对学生事实性知识及科学概念掌握情况的评价，对学生探究方法、探究效果的评价，以及对学生投入探究的状态的评价。第二，评价主体的多元化。评价主体既有教师，又有学生。第三，评价标准的多元化。让基础好的学生做（或回答）难度相对大点的题目，让基础较差的学生做（或回答）难度小些的题目。第四，评价时机的全程化。从课的开始到课的结束，每个环节都适时穿插积极的教学评价，使学生始终处于一种亢奋状态之中，并把这种亢奋延续到课下。

# 以探究为核心，把课堂还给学生
## ——"种子的萌发"教学课例

河北省唐山市路北区教育局小学教研室　詹　军
河北省唐山市路北区西窑第一小学　沈丽华

### 教育理论指导 >>>

提高学生的科学素养是深化新课程改革的必然要求，是现代基础教育的基础。学生通过三年级一年的科学学习，已经有了一定的基础，探究欲望明显增强。因此，四年级就成了培养学生科学素养至关重要的时期。教学中因势利导，积极引导学生养成尊重客观事实、注重证据、大胆质疑的科学品质和思维方式，发展他们对科学本质的理解，使他们学会探究问题的解决策略，能够为其后续的学习和生活打下良好的基础。

### 教材分析 >>>

本课是教科版小学科学四年级下册"新的生命"单元中的内容。本课是在学生已熟悉了植物的花、果实的形成过程以及种子的各种散播方式之后，继续探讨种子在怎样的条件下才会萌发而引出的研究。

### 学情分析 >>>

通过前面的学习与观察，学生对植物的知识已经有了一些了解，对亲手培育一株植物也产生了深切的渴望。本课的研究需要一个长期的研究过程，也是这一单元唯一的一个长期研究活动。因此教师在课前已将实验布置下去，并教给学生观察与记录的方法，待课上交流、总结，不但为课后继续观察准备了条件，还为发展学生的能力提供了平台。

**教学目标**

1. 知识与技能
(1) 知道种子（蚕豆）的构造。
(2) 了解植物种子最重要的部分是胚，胚是有生命的，各部分在种子萌发过程中都起着不同的作用。
2. 过程与方法
运用感官和工具研究种子的内部构造。
3. 情感态度与价值观
培养探究种子奥秘的兴趣，养成认真细致、坚持观察的科学态度。

**教学重难点**

观察发芽的蚕豆种子的内部构造，了解各部分的作用。

**教学准备**

教师准备：多媒体课件，培养皿，镊子，小刀，放大镜，处于不同发芽阶段的蚕豆种子。
学生准备：已浸泡两天的蚕豆、花生、黄豆种子。

**教学方法**

在小学科学课程标准的指导下，在课堂教学中采用"提出问题—猜想与假设—观察与实验—思考与交流—得出结论—巩固应用"的科学探究程序进行探究。同时以观察、提问、记录、讨论、小组实验等活动为载体，开展学生自主探究学习，培养学生的自学能力和协作学习能力，逐步提高学生的科学素养。

**教学过程**

一、课前布置
师：（在本次课的前两天）请每位同学取蚕豆、花生、黄豆种子各十粒，分别放到盛有二百毫升水的烧杯里（如果学生自己准备杯子，要提醒学生应该确保杯子大小相同、装水同样多、每种种子的数量相同），浸泡两天。注意观察和测量种子吸了多少水，种子有哪些变化，并及时做好记录。
【设计意图：这个环节的安排，一是为本课教学做好材料准备，二是让学生意识到种子的萌发需要吸收水分。】

二、引入本课内容

师：植物能利用哪几种方法将种子散播到远处？

（学生回顾旧知。）

师：植物能通过各种方式将种子传播到各个地方，那么种子在怎样的环境下可以萌发呢？

（播放种子发芽的慢镜头视频，学生猜想。）

【设计意图：播放种子发芽的视频，自然地引入了课题，同时激发了学生继续学习的兴趣。】

三、观察与操作

1. 观察种子的内部构造

师：要知道种子在萌发的过程中究竟发生了什么变化，我们首先要了解种子的内部构造。

（教师介绍实验材料：浸泡两天的蚕豆、花生、黄豆的种子以及放大镜、镊子等。）

师：通过这两天的观察，你有什么发现？

（学生回答，教师提示学生不要只关注种子的变化，还要关注水的变化。）

师：想知道种子的内部结构，就要把它剖开。

（教师借助投影演示用镊子解剖种子的方法。）

师：在剥开蚕豆皮的过程中，不要着急，动作要轻，要仔细；剥了皮之后，要将蚕豆从开口的那边小心地掰开，放在培养皿中，以便于观察。

（学生动手操作，小组研究并汇报观察结果，师生小结种子的内部构造。）

【设计意图：学生在三年级时已经学过如何观察种子的内部结构，所以这里教师只强调用镊子解剖种子的方法和注意事项，其他的都放手交给学生去操作，以培养学生的动手能力和观察能力。】

师：种皮、胚根、胚芽和子叶在蚕豆种子生长过程中分别起了什么作用？你的根据是什么？

（学生分析。）

2. 观察发芽天数不同的蚕豆种子

师：在萌发的过程中，种子的各部分发生了什么变化呢？老师为大家准备了发芽天数不同的蚕豆种子，请仔细观察并做好记录。

（学生以小组为单位进行观察。）

师：胚根、胚芽和子叶在蚕豆发芽过程中有什么作用？

（学生结合本组的观察结果谈自己的想法，重点在子叶的作用上。）

【设计意图：对种子各部分作用的研究采用"推测—验证—得出结论"的探究方式，更好地发展了学生的探究能力。】

3. 师生共同总结

师：种子最重要的部分是胚，胚是有生命的。蚕豆的胚包括胚根、胚芽和子叶。种子的各个组成部分在萌发过程中起着不同的作用。

四、拓展与作业

（出示太空中的植物图片，学生观察。）

【设计意图：开阔学生的视野，激励他们不断学习和探索。】

师：请大家继续观察蚕豆种子发芽的变化过程，各小组要做好观察日记，观察活动结束时进行交流与评比。

### 教学设计特色 >>>

为顺利达成本课制订的教学目标，突出重点，突破难点，在小学科学课程标准的指导下，教师采用"提出问题—猜想与假设—观察与实验—得出结论—应用与拓展"的科学探究程序进行教学。

由于科学课的学习以学生探究为核心，因此教师在设计这节课时始终注意把课堂还给学生，让学生自己动手动脑、亲自实践，让学生在活动中体验科学探究的全过程，从而使学生的思维实现了循序渐进的发展，提高了他们的科学素养。

本课的教学虽然只是引领学生进入植物世界，但以此为基础能激励学生进一步去接触生动活泼的生命世界，从而激发学生热爱生命的情感和探索生命世界的意趣，让他们对生命本质的认识上升到新的高度。

附：

一、板书设计

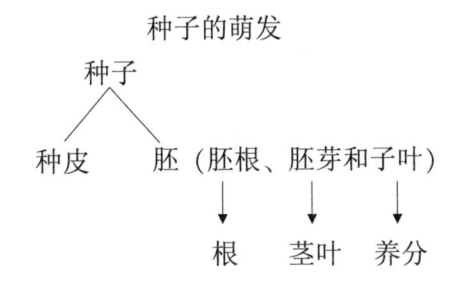

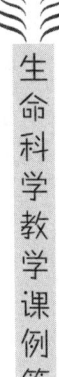

种子的萌发

种子
├─ 种皮
└─ 胚（胚根、胚芽和子叶）
         ↓      ↓      ↓
         根    茎叶   养分

## 二、教学评价设计

科学课堂教学评价的主要目的是了解学生实际的学习水平和发展状况，从而有利于改进教学、促进学习，最终实现每个学生科学素养的提高。

在教学评价中，教师并不是裁判员，而是学生科学学习的伙伴和激励者，也是自身科学教学的调控者。因此，评价不能仅仅在学习过程结束后再进行，而要伴随于教学过程之中，所以这节课除了利用教师观察这一基本的评价手段来观察学生在课堂上的表现和反应，及时给予激励和肯定，并为每一组和每一位学生评定等级外，教师还利用杰出表现记录法为那些表现突出的学生及时在课堂表现记录表上做好记录，记下他们在课堂上的闪光点，为期末评定奠定基础。同时重视每一个后续活动的观察日记的交流与整理情况，使学生养成良好的科学学习习惯，增强学生科学学习的成就感。

# 自主探究和总结，提高主动学习能力

## ——"蚕的生命周期"教学课例

河北省邢台市内丘县大孟校区　杜妍辉

### 教育理论指导 >>>

小学科学课以培养小学生的科学素养为宗旨，积极倡导以探究为主的学习活动，激发学生的好奇心和探究欲，发展他们对科学本质的理解，使他们学会探究问题的解决策略，为他们的终身学习和生活打好基础。

### 教材分析 >>>

本课是教科版小学科学三年级下册"动物的生命周期"单元中的第五课。本单元的前四课是让学生亲历养蚕的过程，了解蚕从卵中孵化，经过生长变化成蛾，然后产出卵，最后死亡这一生长变化的生命全过程；本节课则是对前四课的一个回顾和整理，并在此基础上建立动物生命周期的模型；而后两课是运用这个模型去认识各种动物以及人的生命周期现象。因此这节课是本单元的过渡课，有着承上启下的重要作用。

### 学情分析 >>>

三年级的学生对动物已经积累了一定的知识，已初步认识了动物生命体的一些基本特征，对植物的生长变化也有了一定的了解。我们的学生生活在农村，常见的小动物较多，这为他们学习动物生命周期的相关知识提供了方便。

### 教学目标

1. 知识与技能
（1）知道蚕的一生要经历卵、蚕、蛹、蛾四个不同形态的变化。
（2）了解蚕的一生经历了出生、生长发育、繁殖、死亡四个阶段，这就是蚕的生命周期。
2. 过程与方法
能够整理资料，归纳概括蚕的一生。
3. 情感态度与价值观
（1）培养对生命的珍爱之情。
（2）认识积累和整理资料的重要意义。

### 教学重难点

认识蚕的一生所经历的卵、幼虫、蛹、成虫几个阶段。

### 教学准备

教师准备：多媒体课件。
学生准备：学生自己的观察记录、画的图和拍的照片。

### 教学方法

教学方法必须是科学的，必须符合科学教育的规律，符合学生的认知规律；要充分发挥学生的主体作用，要有利于学生生动、活泼、主动地学习，有利于学生亲身经历探究过程，在探究过程中获得过程的体验。基于以上理念，教师应用了信息搜集、小组讨论、作品制作等教学方法。

### 教学过程

一、置疑导入
师："春蚕到死丝方尽，蜡炬成灰泪始干。"这句有名的诗句从科学上讲能站得住脚吗？回顾一下我们养蚕的过程，让我们像科学家一样思考一下这句话。
（学生讨论、交流。）
【设计意图：置疑导入，为下文讲蚕的生命周期做铺垫，引领学生像科学

家一样思考问题。】

二、小结蚕的一生

师：请你根据自己的观察记录填写观察记录单，也可以与同伴一起完成。

（学生填写记录单。）

师：请与小组其他同学一起讨论，蚕的一生经历了哪几个阶段？各个阶段的形态和行为有什么不同？

（学生小组讨论，全班交流。）

师：下面请你制作蚕的一生循环图，并标注每一阶段需要的时间。我们会挑选优秀的循环图进行展示。

（学生以小组为单位制作循环图，教师挑选其中较优秀的进行展示。）

师：从卵里出来的蚕是蚕的幼虫，蚕蛾是蚕的成虫。蚕的一生经历了卵、幼虫、蛹和成虫四种形态，然后又从卵开始了一个新的循环。

【设计意图：整理资料的过程是检验学生观察记录的过程。对于那些没有完整记录的同学可以让他们通过与同伴交流的方式一起完成，没有亲历的直接经验就通过别人的间接经验来弥补，争取不落下一个学生。】

三、认知蚕的生命周期

师：同学们，还记得凤仙花吗？一株绿色开花植物在一生中都要经历怎样的生命周期呢？

生：出生、成长、繁殖、衰老、死亡。

师：同样，蚕也要经历这样的生命周期，谁能试着总结一下？

（课件出示蚕的一生循环图，学生总结、补充、得出结论。）

【设计意图：让学生将关于植物生命周期的知识迁移到蚕的生命周期的知识中，从而建构一个动物生命周期模式，为后两课认识其他动物和人的生命周期做铺垫。】

师：从卵里孵出的蚕是蚕的生命周期的开始，蚕生长发育到一定的阶段就会变成蛹，从蛹里出来的蛾交配后产卵，蛾的死亡就是蚕生命的结束，这个过程及其所经历的时间就是蚕的生命周期。请你根据之前的观察记录计算蚕的生命周期。

（学生计算蚕的生命周期。）

【设计意图：使学生在观察、研究蚕的生命周期的活动中发现生命的发展变化，领悟生命的可爱和可贵，珍爱生命，健康生活每一天。】

师："春蚕到死丝方尽"中的"丝方尽"指的是蚕的哪个阶段？是蚕的生

命的结束吗？

（学生讨论。）

【设计意图：让学生通过自己的观察、思考、学习解答导入时的疑问。】

（播放蚕的生命周期视频，引领学生回顾养蚕的整个过程。）

四、交流与展示

师：回忆一下，在养蚕的过程中蚕要健康生长需要什么条件？你是怎么满足这些条件的？

（学生交流。）

师：请把自己的记录单、画的图、拍的照片、搜集的资料等都展示出来，大家互相参观、学习。

（学生展示。）

【设计意图：让学生认识到生命和环境是息息相关的，同时学习别人养蚕的经验。展示活动为学生提供了一个表现自我的平台，使他们体验到成功的喜悦，同时通过欣赏别人的作品，增强学生搜集资料的意识。】

五、课外拓展

师：课后，大家可以选择以下两件事中的一件做一做：就养蚕过程中印象最深的事，写一篇心得体会；整理你所有的关于蚕的资料，写一个专题研究报告。

【设计意图：满足不同层次学生的需求，不做统一要求。】

## 教学设计特色 >>>

本课是这一单元的过渡课，有承上启下的重要作用。因此，在教学设计时，一方面，教师注重引导学生根据查找到的资料和自己的观察记录对之前的内容进行概括、总结，从而将零碎、片面的知识整合为系统、全面的知识；另一方面，教师又提示学生应牢固掌握本课知识，总结动物生命周期模型，并以此作为后续学习的基础。

附：

一、板书设计

蚕的生命周期

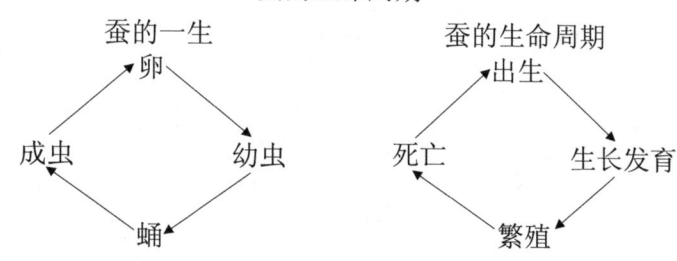

蚕的一生：卵 → 幼虫 → 蛹 → 成虫 → 卵

蚕的生命周期：出生 → 生长发育 → 繁殖 → 死亡 → 出生

二、学生记录单设计

**观察记录单**

|   | 外形特征 | 行动 | 食物 | 时间（天） |
|---|---|---|---|---|
| 卵 |  |  |  |  |
| 蚕 |  |  |  |  |
| 蛹 |  |  |  |  |
| 蛾 |  |  |  |  |

三、教学评价设计

科学课的评价应能促进学生科学素养的形成和提升。基于这样的理念，教师设置了学生学习评价表。通过评价表，不仅关注学生的学习结果（知识与技能），更关注学习过程（过程与方法、情感态度与价值观）；评价指标分为一级指标和二级指标，多元评价学生科学素养的各个方面；评价伴随学生的整个学习过程，全程化进行评价；评价主体包括学生自评、小组互评、教师评和家长评。

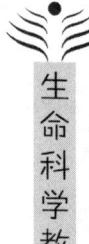

**教学评价量表**

班级：_____  姓名：_____  组别：_____  课题：_____  时间：_____

| 评价指标 | | 评价等级及标准 | | | 得分 | | | |
|---|---|---|---|---|---|---|---|---|
| 一级指标 | 二级指标 | 优秀 | 合格 | 需努力 | 自评 | 互评 | 师评 | 家长评 |
| 知识与技能（20分） | 蚕的四种形态（10分） | 能把这个科学概念讲述给其他人 | 能独立正确地填空写出 | 不能全部填出 | | | | |
| | 蚕经历的四个阶段（10分） | 能把这个科学概念讲述给其他人 | 能独立正确地填空写出 | 不能全部填出 | | | | |
| 过程与方法（60分） | 整理资料（20分） | 坚持完整地观察；有详细的记录；能根据需要有条理地整理、分析资料 | 能根据需要有条理地整理、分析资料 | 没有详细的记录；不能根据需要整理资料 | | | | |
| | 合作交流（20分） | 主动和同学配合分工合作；认真倾听同学的意见；能合作发现、解决问题 | 能和同学配合；能听取同学的意见；能合作解决问题 | 不能和同学配合；不能听取同学的意见；不能合作解决问题 | | | | |
| | 成果展示（20分） | 能用循环图表示蚕的一生；积极主动，语言条理通顺 | 能用循环图表示蚕的一生 | 不能用循环图表示蚕的一生 | | | | |
| 情感态度与价值观（20分） | 学习态度（10分） | 积极参与养蚕；坚持不懈地观察记录；积极地搜集各种资料 | 参与养蚕；有观察记录；能按教师要求搜集资料 | 不参与养蚕；无观察记录；不能按教师要求搜集资料 | | | | |
| | 情感态度（10分） | 领悟到生命的可贵，珍爱生命；认识到资料积累和整理的重要意义 | 珍爱生命；认识到资料积累和整理的重要意义 | 认识不到资料积累和整理的重要意义 | | | | |

# 从方法探究入手，体现学生的自主性

## ——"身体的结构"教学课例

河北省邢台市东关逸夫小学　王　帅

### 教育理论指导 >>>

小学科学课程标准指出，学生是科学学习的主体，科学课程必须建立在满足学生的发展需要和已有经验的基础之上，为他们提供能直接参与的各种科学探究活动，让他们自己提出问题、解决问题，比单纯的讲授训练更有效。

### 教材分析 >>>

本课是教科版小学科学四年级上册"我们的身体"单元中的内容。这一单元对于学生来说是一个有趣而神秘的单元，本课是整个单元的起始，主要让学生从整体上认识人体的结构，并通过一系列的观察和体验活动发现身体在工作中的协调作用，同时尝试着以功能的异同划分身体的结构并进行深入的思考。

### 学情分析 >>>

四年级的学生具有一定的动手实验能力，喜欢亲自探究。每位学生对自己的身体都是既熟悉又陌生，可谓"不识庐山真面目，只缘身在此山中"。基于此，本课通过使学生观察身体的外形，引导他们了解各部分规范的名称；通过小游戏引导他们感悟身体的精巧与和谐；再用气泡图，使他们直观形象地认识到，只有人体的各部分做到了既分工又合作，我们才能健康成长。

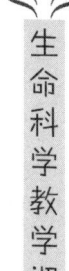

## 教学目标

1. 知识与技能

（1）知道人体根据外观特征可以分为头、颈、躯干、四肢四部分。

（2）知道人体的外部特征可以直接观察到，而内部的结构特点要借助一些工具才能观察到。

2. 过程与方法

（1）能够应用触摸、耳听等观察方法，并结合体验活动了解身体内部的结构。

（2）能够根据观察目的的不同，选择与之相适应的观察方法。

3. 情感态度与价值观

（1）在对人体的观察活动中，能够将想象与实际的观察区分开，保证观察活动的真实性。

（2）对探究自己的身体感兴趣，感受人体构造的精巧与和谐之美。

## 教学重难点

知道身体由哪些部分组成，认识人体左右对称的特点。

## 教学准备

教师准备：人体外部结构图，气泡图，多媒体课件。

学生准备：查阅相关资料。

## 教学方法

本节课，教师采用了观察法、分析法、活动探究法等方法组织教学。首先以问题情境引入新课，阐明本课的学习内容，接着引导学生观察人的身体外形，再运用"先归纳，再科学研究"的程序探索出在课堂上能够观察到的身体内部结构，然后在学生的活动中引出身体结构的另外一种划分标准——从功能上进行划分，最后通过小结进行课后延伸学习。

## 教学过程

一、谈话引入

师：今天老师给同学们带来了几张动物轮廓的图片，你们猜猜是什么？

（课件出示第一张图片。）

生：大象。

师：你是如何猜出来的？

生：我发现它有长长的鼻子和长长的、尖尖的牙。

师：你的理由很充分。

（课件出示第二张图片。）

生：兔子。

师：你又是如何猜到的？

生：我发现它有长长的耳朵。

师：你说得也是有理有据。

（课件出示第三张图片。）

生：人。

师：你是如何猜到的？

生：我发现他有两条胳膊、两条腿……

师：你通过人体的某些特征猜出了这是一个人。同学们，你们可曾认真地观察过我们自己的身体呢？今天就让我们一起探究人的身体结构。

【设计意图：导入环节采取的是问题导入方式，既简洁、明快、直奔主题，又激发了学生的科学探索欲。】

二、观察我们的身体

1. 认识人体的外部及特点

师：现在我想请一位同学当一回小模特，谁愿意来试试？

（学生纷纷举手。）

师：你来吧，你可真勇敢。现在我们就来观察这位小模特，从外形上看，我们的身体由哪几部分组成？

【设计意图：让学生观察同班同学的身体结构，能增加学生学习的积极性。】

（给学生30秒左右的观察时间。）

生：有头、脖子（师：在科学中我们把它叫作颈）、身体（师：你所说的身体是指哪一部分？生指出。师：你所说的身体的这一部分我们在科学中把它叫作躯干）、胳膊（师：在科学中我们把它叫作上肢）、腿（师：在科学中我们把它叫作下肢。我们把上肢和下肢合称为四肢）。

师：你观察得很仔细，而且有一定的顺序。

（学生补充汇报。）

师：现在我们已经清楚地知道，人的身体结构从外形上可以划分为头、颈、躯干和四肢四部分。

师：请同学们继续观察我们身体的外形，看看它有什么特点。

（学生说不出来。）

师：我给同学们一些提示，如果从头到脚通过鼻尖画一条竖线，你们能发现什么？

生：我发现我们的身体是对称的。

师：你能举例说明吗？

生：人的两只手的大小和形状一样，而且在身体的两边，位置也是相对的。

生：不对，眼睛一个大一个小，手的大小也不完全一样。

师：你观察得真仔细，完全一样是不可能的，细微的不同肯定有，但我们说，从外形的总体上看它是左右对称的。

师：那么身体左右对称的特征对我们的生活有什么影响呢？接下来我们通过做游戏体验一下。现在请用你的双手系红领巾。

（学生活动。）

师：系好了吗？

生：好了。

师：你们系得可真快。现在将红领巾摘下。（待学生都摘下后）这次请你只用一只手系红领巾。注意：身体的其他部位不要参与进来。

（学生活动。）

师：都系好了吗？

（有的系好了，有的没系好。）

师：现在我想采访一位同学，请他说一下感受。

生：用双手系红领巾很方便，很迅速，而用单手系红领巾太费劲了。

师：你的感受很真实。其他同学跟他的感受一样吗？

生：一样。

师：同学们在生活中感受过身体的对称给我们带来的方便吗？举几个例子。

（学生举例。）

师：那你现在能告诉我身体的对称对我们的生活有什么作用吗？

生：身体的对称给我们的生活带来了非常大的方便，使我们的平衡感更强。

师：可是在生活中，我们经常会遇到身体外形不对称的残疾人朋友，我们应该怎么做呢？

生：应该帮助他们，对他们多一些关爱。

师：同学们可真有爱心。

【设计意图：通过活动让学生亲身体会到身体的对称与不对称给我们带来的影响，提高了学生的认识，调动了学生的课堂积极性。】

2. 感知人体内部结构的存在

师：刚才我们从外形上对身体的结构进行了划分，也知道了人的身体从外形上看是左右对称的。那么接下来该探索我们身体的——

生：内部。

师：那么，应该如何探索我们身体的内部呢？现在请同学们小组内讨论，并把你们所用的方法填写在记录单一上。

（学生讨论并填写记录单。）

师：同学们知道的方法可真多。可是，这些方法现在我们都能用上吗？

生：不能。

师：那么，哪些方法可以在课堂上用呢？

（学生说，教师在可以用的方法后打钩。）

【设计意图：科学探究活动的开始应当是方法的探究，所以本环节的设计意在让学生对科学探究活动有一个系统的认识。当然，方法选择的场景性也是这一环节所要交代的。】

师：现在请同学们开始进行科学探究，看看用这些方法能够观察到我们身体的哪些内部组成，并将其填写在记录单二上。

（学生讨论并填写记录单，学生汇报。）

师：现在让我们具体来看看身体的内部结构。（出示人体内部结构模型）这就是我们用眼睛看到的血管，用蓝色标示，叫作静脉。再看看这条红色的血管，它叫作动脉，我们用手摸到的脉搏就是它的搏动。这是心脏，它为血液循环提供了动力。这是骨头，每个人一共有多少块骨头，你知道吗？是206块。你还知道身体的其他内部结构吗？

（学生说，教师通过模型指给学生看，并简单介绍其功能。）

【设计意图：用真实的科学方法探索出身体的部分内部结构，体现了学生充分的学习自主性。将其他的身体内部结构展示出来，这样可以让学生对身体的内部结构有更加系统和比较完整的认识。】

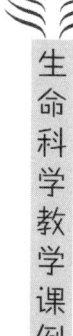

## 三、探究人体的功能划分

师：刚才我们通过科学的方法知道了身体内部的一些结构，同学们也学到了很多知识。现在让我们放松一下，好吗？请全体同学起立，站在椅子的后面。跟老师一起做原地蹲起。

（师生做运动。）

师：请同学们坐下。刚才在做原地蹲起这项活动时，有哪些身体部位参与进来了呢？

（学生说，教师记录并说明所填写的是气泡图。）

【设计意图：原地蹲起活动让学生动了起来，重新激发起学生的课堂积极性。】

师：只有这些吗？其实还有很多其他部位也都参与了进来，比如大脑，离开了它我们可什么都干不了啊。

师：现在老师这里有四种活动供大家选择——原地跑步、掰手腕、写字、系红领巾，每个小组选择一项活动进行探究，选完后，分组到老师这里领取活动相应的气泡图。

（学生进行活动研究，教师巡视指导。学生汇报研究结果。）

师：仔细观察这些气泡图，你发现了什么？

生：每一项活动都有身体很多的部位参与，而且每一个身体部位都参与了多项活动。

师：你的观察真到位。我们发现同一个活动通常由身体多个部位共同参与完成，在不同的活动中有相同的身体部位均参与了活动。所以，身体的结构还可以按照功能来划分。

【设计意图：通过亲身活动，学生总结出有哪些身体结构参与，最后通过总结、归纳发现身体结构的另外一种分类，使教学顺理成章。】

## 四、总结拓展

师：同学们，这节课我们知道了人的身体结构从外形上可以划分为头、颈、躯干、四肢四部分。还可以从功能上进行划分，那么，对于我们的身体你还有哪些想知道的吗？

（学生答。）

师：通过同学们提出的问题，我们深切地感受到人的身体还有很多奥秘，希望同学们在今后的科学课和生活中继续去探索。好吗？

生：好。

【设计意图：通过再一次激发学生对人的身体的探索欲，为接下来的教学

做好铺垫。】

### 教学设计特色 >>>

在本课的教学设计中，教师始终以培养学生的科学思维方法为目标，让学生学会观察的方法，从而激发他们对人体探究的兴趣；充分利用体验和观察的活动形式，将科学概念在体验、观察中升华；游戏的设置，更能提高学生学习的兴趣，达到愉快学习的效果。

本节课导入比较简洁，从猜小动物开始，引出这节课的教学任务：观察我们的身体结构。在观察外形环节，采取游戏体验的方式，使学生在游戏中有所收获、有所感受。在观察身体内部组成的环节，先让学生进行方法的探究，当学生思维被激发后，就能想出很多方法，再利用这些方法观察身体的内部结构，更有成效。最后引导学生通过感兴趣的活动，得出身体结构的另外一种划分方法。整节课的教学设计充分体现了学生的自主性，让学生像科学家一样探究神秘的科学世界，为接下来的教学打下良好的基础。

**附：**

一、板书设计

身体的结构

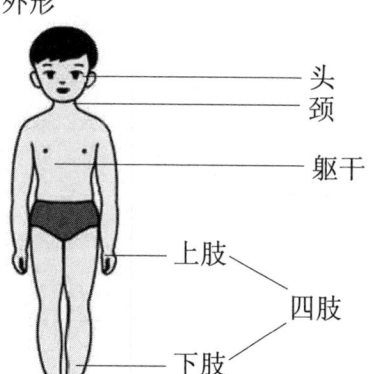

外形　　　　　　　　　　　　功能

- 头
- 颈
- 躯干
- 上肢
- 四肢
- 下肢

大脑——负责指挥人体工作
肺——呼吸
四肢——运动
心脏——为血液循环提供动力
胃肠——消化

## 二、学生记录单设计

1. 学生记录单一

记录人：

记录时间：

| 探究身体内部结构的方法 |
|---|
|  |
|  |
|  |
|  |
|  |
|  |
|  |
|  |
|  |

2. 学生记录单二

运用已经总结出来的，在课堂上可以运用的方法，来感觉身体的内部。根据感觉到的现象，来推测身体内部的组成。（注意：必须是现在真实感觉到的现象）

记录人：

记录时间：

| 感觉的方法 | 感觉到的现象 | 推测的内部组成 |
|---|---|---|
|  |  |  |
|  |  |  |
|  |  |  |

3. 气泡图一：原地蹲起时身体的哪些部位参与了活动

（原地蹲起）

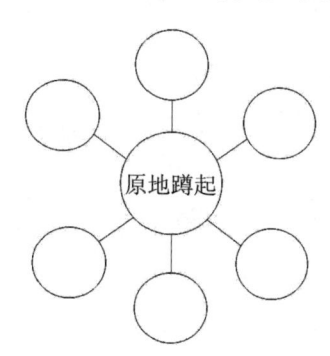

4. 气泡图二：原地跑步时身体的哪些部位参与了活动

活动要求：

1. 小组内两位同学原地跑步，其他同学仔细观察身体的哪些部位参与了这个活动，是怎样参与的。

2. 互相交流，并在气泡图里填写相关的身体部位名称。

（原地跑步）

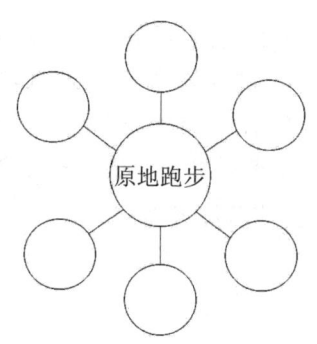

5. 气泡图三：掰手腕时身体的哪些部位参与了活动

活动要求：

1. 小组内两位同学掰手腕，其他同学仔细观察身体的哪些部位参与了这个活动，是怎样参与的。

2. 互相交流，并在气泡图里填写相关的身体部位名称。

（掰手腕）

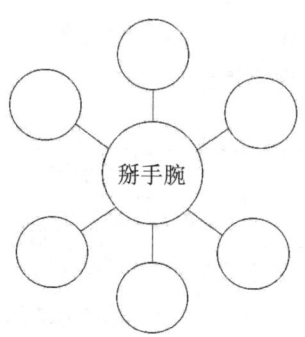

6. 气泡图四：写字时身体的哪些部位参与了活动

活动要求：

1. 小组内两位同学写字，其他同学仔细观察身体的哪些部位参与了这个活动，是怎样参与的。

2. 互相交流，并在气泡图里填写相关的身体部位名称。

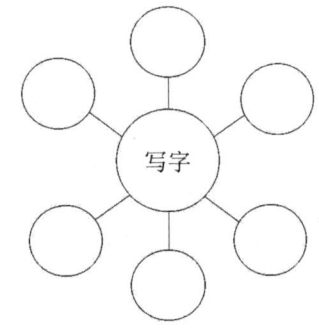

7. 气泡图五：系红领巾时身体的哪些部位参与了活动

活动要求：

1. 小组内两位同学系红领巾，其他同学仔细观察身体的哪些部位参与了这个活动，是怎样参与的。

2. 互相交流，并在气泡图里填写相关的身体部位名称。

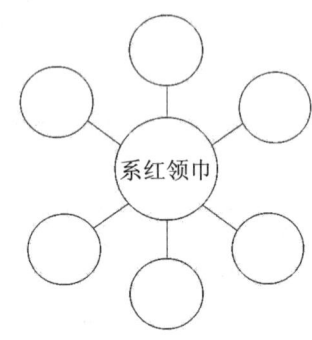

### 三、教学评价设计

本课结束时，教师在对教学内容和目标完成情况加以总结后，让学生在评价表中进行自我评价（知识评价、态度评价），同时小组成员进行互评，课后又对学生的学习过程给出评价反馈，并对自己的教学过程进行反思，不断优化自己的课堂教学。

**学生学习自评表**

| 分项 | 评价内容 | 评价等次 | | |
|---|---|---|---|---|
| 知识评价 | 知道了人的身体结构从外形上的划分 | 知道□ | 基本知道□ | 不知道□ |
| | 知道了人的身体结构从功能上的划分 | 知道□ | 基本知道□ | 不知道□ |
| | 掌握了身体内部结构的研究方法 | 掌握□ | 基本掌握□ | 没掌握□ |
| 态度评价 | 认真倾听别人的意见 | 很好□ | 好□ | 待改进□ |
| | 积极表达自己的意见 | 很好□ | 好□ | 待改进□ |
| | 乐于与同伴合作 | 很好□ | 好□ | 待改进□ |

**小组成员学习互评表**

| 编号 | 内容 | 等级：优、良、中、差 ||||
|---|---|---|---|---|---|
| | | 组员1 | 组员2 | 组员3 | 组员4 |
| 1 | 他（她）积极参与实验研究的分析 | | | | |
| 2 | 在大部分时间里他（她）踊跃参与，表现积极，举手发言 | | | | |
| 3 | 他（她）的意见总是对我很有帮助 | | | | |
| 4 | 他（她）经常鼓励/督促小组其他成员积极参与协作 | | | | |
| 5 | 他（她）能够按时完成应该做的那份任务 | | | | |
| 6 | 我对他（她）的表现满意 | | | | |
| 7 | 他（她）对小组的贡献突出 | | | | |

**教师评价表**

| 学生学习过程的评价 | 教师的教学反思 |
|---|---|
| 1. 全体学生在动口、动脑、动手中参与教学全过程<br>非常好（　）很好（　）一般（　） | 1. 内容的安排与目标的制订是否恰当 |
| 2. 学生能提出学习和研究的问题，并且能通过合作探究努力解决问题<br>非常好（　）很好（　）一般（　） | 2. 教法的安排是否恰当 |
| 3. 学生思维活跃，积极主动发言<br>非常好（　）很好（　）一般（　） | 3. 教学目标完成情况如何 |
| 4. 学生间交往是多向的，学生积极参与小组讨论，发表自己的见解，评论别人发言<br>非常好（　）很好（　）一般（　） | 4. 成功之处与存在的问题 |
| 5. 学生在学习中有愉悦的体验，每一名学生都有不同程度的收获<br>非常好（　）很好（　）一般（　） | 5. 其他想法 |
| 6. 学困生对本节课知识技能的掌握程度<br>非常好（　）很好（　）一般（　） | |
| 7. 学生学习本节课还存在的问题 | |
| 8. 学生存在问题的解决方法 | |